세대 문제

DAS PROBLEM DER GENERATIONEN

세대 문제
DAS PROBLEM DER GENERATIONEN

카를 만하임 지음

·

이남석 옮김

책세상

일러두기

1. 이 책은 카를 만하임Karl Mannheim의 〈세대 문제Das Problem der Generationen〉
를 우리말로 옮긴 것이다. 〈세대 문제〉는 1928년과 1929년 《계간 쾰른 사회학*Kölner
Vierteljahreshefte für Soziologie*》지에 두 번에 걸쳐 발표되었다. II의 4까지는 1928
년에 발표됐고, II의 5, 6, 7은 1929년에 발표됐다. 이 번역본은 만하임이 1928년과
1929년에 발표한 글을 원본으로 삼았으며, 영역판 K. Mannheim, "The Problem of
Generations", Paul Kecskemeti (ed.), 《지식사회학*Essays on the Sociology of
Knowledge*》(New York: Routledge & Kegan Paul Ltd., 1952), 276~320쪽을 참조
했다.

2. 주요 인명과 책명은 처음 한 번에 한하여 원어를 병기했다.

3. 원문에서 이탤릭체로 강조한 부분은 고딕체로, 큰따옴표로 강조한 부분은 작은따옴표
로 표기했다.

4. 카를 만하임의 글에서 옮긴이의 보충 설명은 ( ) 안에 넣었다.

5. 주는 모두 후주로 처리했으며, 만하임의 글에서 저자의 주는 '(저자주)'로, 옮긴이의 주는
'(옮긴이주)'로 구분해 표시했다.

6. 맞춤법과 외래어 표기는 현행 규정과 《표준국어대사전》(국립국어연구원)을 따랐다.

아무리 어렵고 복잡한 문제라도 별 문제가 없을 때는 아무 문제가 되지 않는다. 그러나 아무리 사소하고 쉬운 문제라도 문제가 되면, 그 문제는 크고 복잡한 문제가 된다. 21세기 초를 사는 지금, 왜 '세대'인가? 왜 '세대'를 고민해야 하는가? 20세기 초에 카를 만하임이 쓴 〈세대 문제〉를 지금 왜 읽어야 하는가? 아주 단순하게 대답한다면, 세대가 문제로 등장하고 있기 때문이다.

'세대'에 관한 문제는 인류가 존재한 이래 한 번도 사라진 적이 없는 잠재적潛在的 문제다. 그러나 세대는 어느 순간 갑자기 한 국가의 사회문제, 또는 세계사적인 문제로 다가오는 현재적顯在的 문제다. 바로 현재 이 시점이 세대가 문제로 등장하고, 문제를 심화시키는 그때다.

우리 시대에 왜 세대가 문제 되는가? 산업화 세대, 민청학련 세대, 386세대, 촛불세대 등등의 용어가 있다. 그리고 또 다른 기준에 따라 한국전쟁 세대, 산업화 세대, 2030세대,

1318세대, 청년세대, 신세대, X세대, 실크 세대, WINE 세대 등 세대를 지칭하는 용어만 해도 수십 가지가 넘는다. 모두 문화적 특성이나 나이, 역사적 사건과 시대 특징에 따른 명칭들이다. 뿐만 아니라 캥거루족, 니트족, 프리터족, 싱크족, 네스팅족, 여피족, 딩크족, 듀크족, 통크족, 베이비부머 등도 세대 문제의 외곽을 두드리고 세대 문제를 에둘러 표현하는 또 다른 용어로 자리 잡고 있다.

어느 시대건 세대가 문제 되지 않은 적은 없었다. 그러나 세대를 직접 지칭하는 수많은 용어나 주변부적인 특징을 지칭하는 또 다른 용어가 계속 등장한다는 것은 세대가 문제 되고 있는 현실을 반영하는 것이다. 현재 세대, 특히 청년세대는 말 그대로 문제 중의 '문제'다. 그것도 단순히 우리나라에만 적용되는 국지적인 문제가 아니라 여러 국가에서 발효되고 폭발되기 직전의 세계사적인 문제다.

세대가 우리 사회에서 문제로 떠오르는 가장 큰 이유는 무엇보다도 현재 '88만원 세대'로 대표되는 '청년 문제'이기 때문이다.

'아무리 노력해도 부모보다 잘살 수 없는 세대'라는 표현은 오늘날 청년층이 '희망 상실 세대'라는 것을 드러내준다. 하루에 아무리 이것저것 알바를 해서 돈을 벌어도 청년이 버는 돈은 날품팔이 임금 수준에 지나지 않는다. 그 돈으로는 최소 생계를 유지하기에도 빠듯하다. 돈을 모을 수도 없고,

나중에 무엇을 하겠다는 희망을 품을 수도 없다. 그렇기 때문에 오늘날 청년은 연애, 결혼, 출산을 포기한 '3포 세대'이기도 하다. 프리터족은 자유의 외피를 쓴 굴종이고, 자유의 희망을 가장한 자기기만이다.

요즘 청년세대의 '스펙 쌓기'는 '근본 질문 상실 세대'의 역설적인 표현이다. 안정적인 시대라면 청년은 '영원이란 무엇인가', '인생이란 무엇인가', '삶이란 무엇인가' 등의 질문을 던진다. 불안정한 시대라면 청년은 '변혁이란 무엇인가', '혁명이란 무엇인가'라는 질문을 던진다. 안정도 불안정도 아닌 시대라면 청년은 최소한 '더불어 같이 사는 삶이란 무엇인가'라는 질문을 던진다. 이런 근본 질문이 인류의 끊임없는 발전을 가능하게 했다. 그러나 요즘 청년은 이런 질문을 포기한다. 그 대신 '노력하면 주류 사회에 편입할 수 있을 것이다'라는 막연한 기대감을 안고 홀로 애쓸 뿐이다.

세대가 문제로 떠오르는 두 번째 이유는 부모와 자식 간의 긴장 해소 또는 갈등 완화 때문이다.

청년세대가 가난할수록 부모 세대와 화해한다는 것은 아이러니다. 부모와 자식의 기본 관계는 그 바탕에 항상 어느 정도의 긴장과 갈등 그리고 애증을 깔고 있다. 부모 세대가 말하는 효와 공경의 윤리와, 자식 세대가 항변하는 진취적인 기상은 서로 대립한다. 부모는 자식이 진취적인 기상을 안고 열심히 살면서 효성스럽고 부모를 공경하기를 바란다. 그러나 자식은 효성스럽고 부모를 공경하면서 진취적인 기상을 발휘할 수 없다. 그렇기 때문에 사람은 일정한 나이가 되면 부모와 어느 정도 갈등을 겪으며 독립해서 가정을 이룬다. 인류가 끊임없이 발전할 수 있었던 것은 바로 이런 적당한 긴장, 갈등, 대립 덕분이다.

요즘 청년을 나타내는 '캥거루족'은 자식이 진취적인 기상을 버리고 부모의 품에 안주하는 것이다. '니트족'은 자식이 일자리를 찾기 위해 애쓰지 않고 무위도식하는 것이다. 부모와 자식의 갈등은 자식 세대가 부모 세대에게 의탁하는 형태를 통해 해소된다. 따라서 세대순환이 사라져버릴 지경에 이르게 된다. 요즘은 자식 세대가 적당한 나이에 부모 세대가 되는 선순환도 아니며, 사회혁명과 정치혁명 시기처럼 자식 세대가 부모 세대를 전복하고 갑자기 성장하는 강순환도 아니다. 요즘은 자식 세대가 부모 세대에게 의지하지 않으면 살 수 없는 무순환의 시대, 한번 청년은 영원한 청년으로 사는 순환 불능의 시대다. 바로 이러한 이유 때문에 우리는 20세기 초에 쓰어진 만하임의 〈세대 문제〉를 읽어야 하는 것이다.

그러나 그보다 더 중요하고 반드시 생각해봐야 하는 세 번째 이유가 있다. 같은 시대에 같은 문제로 고난을 겪고 있는 청년들이 서로 다른 목소리를 낸다는 사실, 즉 한쪽은 진보나 개혁을 역설하고 다른 한쪽은 보수적인 노골적 웅변을 외친다는 사실 때문이다. 우리는 1960년대의 4·19세대와 63세대, 70년대의 민주화 세대, 80년대와 90년대 초의 386세대, 90년대 이후의 통일운동 세대라는 말에 익숙하다. 앞에서 말한 세대는 칼로 자를 수 없는, 아주 단일한 대오를 이루고 역사를 발전시키기 위해 하나의 수레바퀴처럼 굴러가는 인상을 주었다. 실제로 그러한 다양한 세대가 우리를 발전시켜온 것 또한 사실이다.

그런데 요즘 현실은 다르다. 예전처럼 역사의 발전을 위해 진보와 개혁을 외치는 젊은이도 있지만, 정반대로 보수의 목소리를 강변하는 청년들도 있다. 게다가 세상이야 어떻게 돌아가건 스펙 쌓기에 열중하며 세상과 담을 쌓은 훨씬 더 많은 청년들이 있다. 그렇다면 우리가 알고 있는 세대에 대한 '인상'들은 잘못된 것이 아닌가? 동일 시대 동일 세대의 통일된 목소리라는 익숙함은 같은 시대, 같은 나이의 세대가 서로 다른 목소리를 내는 불편한 낯섦을 더욱 낯설게 한다. 만하임은 세대를 연구하면서 '동일 세대 서로 다른 목소리'라는 정치적인 현상에 집중한다. 그러므로 지금 벌어지고 있는 이와 같은 상황을 과학적으로 이해하기 위해서 〈세대 문제〉를 읽어야 한다.

우리는 집안에서는 부모와 자식의 갈등으로 표현되고, 사회와 국가에서는 '세대 대對 세대의' 반목과 투쟁으로 표현되며, 역사적으로 끊임없이 반복되고 지금도 진행 중인 세대

갈등을 이해하기 위해 '세대란 무엇인가'라는 질문을 던져야 한다. 그리고 그 질문에 답하기 위해 가장 먼저 통과해야 할 글이 바로 만하임의 〈세대 문제〉다.

　이 글을 번역하면서 다음과 같은 점에 주의했다. 가능하면 의역을 피하고 원문을 살리면서 의미를 전달하기 위해 노력했다. 긴 문장도 가능하면 나누지 않고 원문 그대로 옮기면서 의미를 전하고자 했다. 제대로 전달되지 않을 때는 옮긴이주로 간단하게 풀이한 글을 넣었다. 혹시라도 영어판을 읽을 때는 꽤 많은 부분이 의역이 되어 있다는 점을 고려하고 읽어야 한다.

　또한 가능하면 복수형과 단수형을 정확하게 살려서 번역하려고 했다. 우리말은 흔히 복수형을 쓰지 않고 의미를 전달할 때가 많기 때문에, 복수형을 사용하면 입말이 살지 않을 뿐만 아니라 눈에 쉽게 들어오지도 않는다. 그럼에도 원문의 복수형과 단수형을 철저히 구분해서 번역하려고 한 이유는 무엇보다도 만하임의 의도를 충분히 살리기 위해서다.

　만하임이 이 글을 쓴 본래 의도는 청년세대와 구세대 간의 갈등뿐만 아니라, 동일 세대 내에서도 고찰해야 할 과학적인 사실들과 중대 현안이 발생하고 있다는 점을 밝히기 위한 것이었다. 또한 만하임은 세대 간의 이종교배에 따른 세대 문제도 발생한다는 사실을 부각시키고자 했다. 이런 점을 무시하고 단수형으로 '세대 문제'라고 옮기면 원래 의미를 살릴 수 없다는 생각이 들었다. 그래서 의미상의 차이가 있다면 복수형과 단수형을 구분해 번역하고자 한 것이다.

내용을 제대로 전달하기 어려울 때는 내용에 따라 단락을 나누었다. 긴 인용문이나 중요한 인용문은 내용을 전달하기 위해 독립적인 단락으로 구분했다. 경우에 따라서는 단락을 나눔으로써 내용을 분명하게 전달하려고 했다.

또한 저자의 주를 기본적으로 전달하는 동시에 간단한 정보 전달, 부연 설명, 이해 돕기 등을 목적으로 옮긴이주를 달았다.

용어는 주로 현재 학계에서 통용되는 용어를 따랐지만, 연구자들 간에 서로 다르게 사용하는 용어에 대해서는 내가 옳다고 생각하는 용어를 사용했다. 필요한 경우 주요 용어에는 독일어를 병기했으니, 참고하여 이해하기를 바란다.

오역이 없도록 여러 번 읽고 또 읽고, 고치고 또 고쳤다. 그렇지만 이해하기 어려운 모호한 번역, 이해를 가로막는 오역이 나온다면 전적으로 나의 무능 탓이므로, 양해를 구한다.

옮긴이 이남석

I. 문제의 상태

1. 실증주의적 문제 제기

사회학자의 첫째 임무는 다루고자 하는 문제에 대한 탐구가 일반적으로 어떻게 서술되어 있는지 정밀하게 살펴보는 것이다. 사회학자에게 주어진 운명은 탐구 과제 전체를 지속적으로 다룬 연구자가 거의 없는 상태에서 모든 과학들이 번갈아가며 개별적으로 다루었던 난삽한 문제들을 다루는 것이다. 그러나 우리는 단순히 예전에 세대들에 관한 문제[1]를 다루었던 '교조적인 역사'를 제공하는 것이 아니라, 문제 제기의 '내적 상태innere Lage'를 대략적으로 묘사하고(1장) 이를 바탕으로 세대 문제에 고유한 방식으로 접근(2장)할 것이다.

과거에 세대들의 문제에 접근한 방법에는 두 가지가 있다. 하나는 실증주의적positivistschen 방법이고, 다른 하나는 낭만주의적-역사주의적romantisch-historitischen 방법이다. 세계를 이해하는 이러한 두 방식은 서로 대립되는 두 가지 태도를 대표하며, 두 측면에서 이 주제에 접근하고 있음을 보여준다. 실증주의자들은 자기들이 다루고자 하는 문제를 양적인 용어로 환원하는 것을 방법론적인 이상으로 삼고 있다. 즉 실증주의자들은 인간 존재의 전체 자료들을 양적으로 quantitativ 설명했다. 두 번째 학파인 낭만주의적-역사학파는 질적인qualitativen 방법을 채택했으며, 수학적인 방법을 피하고 전체 문제를 정신화했다. 먼저 실증주의자들을 다루도록 하자.

세대 문제가 실증주의자들을 사로잡았다. 실증주의자들은 세대 문제를 다루면서 인간 존재 그 자체의 요소들과 직접 접촉했다는 느낌을 받았기 때문이다. 삶과 죽음, 명확하게 측정 가능한 수명이 있다는 것, 세대와 세대 사이에 일정한 간격이 있다는 것. 실증주의자들은 이런 것들을 보면서 우리 운명의 일정한 형태를 이해할 수 있으며, 심지어는 기록할 수 있다고 생각한다. 그 밖의 다른 모든 자료들Daten은 삶의 과정 그 자체 내에서 규정되며, 다른 말로 하면 이런 자료들은 특수한 관계들의 표현에 지나지 않는다. 이런 자료들은 소멸할 수 있으며, 역사적 존재의 규정된 형태들 가운데 하나가 단지 이런 자료들과 더불어 소멸될 뿐이다. 그러나 이러한 자료들이 변한다면, 우리에게 익히 알려진 것처럼 인간의 존재가 이와 함께 당연히 지양된다고 생각한다면, 그 결과 문화, 창조물, 전통이 모두 당연히 소멸하거나 최소한 완전히 다른 관점에서 나타나게 된다.

실제로 흄Hume[2]은 이러한 의미에서 그러한 자료들의 변화라는 사유를 바탕으로 실험을 했다. 그가 말했던 것처럼, 인간의 세대계승 양식과 방법이 나비나 모충[3]의 세대계승 유형을 완전히 모방하여 완전히 변형된다고 가정해보자. 그래서 구세대가 단숨에 사라지고 신세대가 갑자기 태어난다고 가정해보자. 나아가 인간은 자신을 위해서 가장 적합한 정부 형태를 합리적으로 선택——물론 이것은 흄 당시의 주요 문제였다——할 만큼 정신적인 측면에서 상당한 수준으로 발달해 있다고 가정해보자. 이와 같이 존재와 관련된 자료들이 변화한다 할지라도,[4] 국가 형태를 끊임없이 새롭게 구성하는 것이 절차와 그 법칙들을 고려하지 않고서도 가능하며 적절하다. 현존하는 형태 속에 존재하는 인류는 세대계승 속에서 지속적인 흐름을 묘사하기 때문에, 즉 한 사람이 죽는 그 순간에 항상 또 다른 사람이 등장하기 때문에 정부 형태의 지속성을 고려하는 것이 필연적이다. 따라서 이와 같은 고찰에서, 정치적 지속성의 원리는 세대계승의 생물학적 전체 자료 위에 직접 세워지는 것으로 나타난다.

콩트Comte[5]도 세대계승에서 기본 자료들에 관한 또 다른 생각과 인간의 평균수명에 관한 또 다른 생각을 토대로 진보의 본질과 속도——이것은 또한 콩트 당시의 큰 문제였다——를 해명하려고 시도했다. 콩트는 개인의 평균수명이

줄거나 늘어난다면, 진보의 속도도 변할 것이라고 말했다. 개인의 수명이 연장된다면 진보의 속도는 완만해지는 반면, 현재 생명의 지속 시간이 2분의 1이나 4분의 1로 줄어든다면 이에 따라 진보의 속도도 빨라질 것이다. 전자의 경우 구세대 사람들이 더 오래 산다면 그들의 방해적이고 보수적-억제적인 역할이 오랜 시간 동안 작동할 것이며, 후자의 경우 구세대 사람들이 더 일찍 죽는다면 그들의 영향이 짧은 시간 동안만 작동할 것이기 때문이다.

속도가 지나치게 느려지면 유해하지만, 속도가 지나치게 빨라지면 삶의 즐거움이 소멸할 위험성과 삶의 내용이 단순화할 가능성이 커진다. 콩트는 우리의 세계가 가능한 모든 세계 중에서 최상을 의미한다고 생각하지 않았다. 그럼에도 그는 우리 수명과 30년 간격의 평균 세대가 우리 유기체에 아주 필연적이며, 나아가 인류의 진보가 느린 이유도 이러한 유기체적인 한계와 직접 연관되어 있다고 생각했다. 따라서 진보의 속도 그리고 사회 내 개혁적 세력들과 마찬가지로 보수적 세력들의 존재는 직접적으로 생물학적인 요소들로 수렴되는 것으로 나타난다.

실제로 이것은 세대들의 문제가 어떻게 공공연하게 다루어지는지를 보여준다. 요컨대 모든 것은 수학적으로 명료하고, 모든 것은 그 구성 요소들에 관한 분석으로 가능하며, 사상가의 구성적 상상die konstruktive Phantasie[6]이 그 승리를 앙

축仰祝하며, 인간 존재의 궁극적이고 지속적인 요소들이 유용한 자료들의 자유로운 결합에서 파악되며, 그래서 역사의 비밀이 우리 앞에 거의 완전하게 드러난다.

실증주의적 합리주의는 고전적 합리주의의 직접적인 연장이다. 그리고 이는 그 고유한 영역에서 작동하는 프랑스적 정신을 보여준다. 실제로 이 문제에 크게 기여한 사람들은 대부분 프랑스인이다. 콩트, 쿠르노Cournot[7], 드로멜Dromel[8], 멘트레Mentré[9]와 독일 외부의 또 다른 학자들도 실증주의자들이지만, 어쨌든 그들은 모두 프랑스의 영향을 받았다. 이탈리아 학자 페라리Ferrari[10]와 오스트리아의 역사가 로렌츠Lorenz[11] 등은 모두 실증주의가 유럽 전체를 지배할 때 연구를 했다.[12]

실증주의자들이 세대 문제를 다루는 데에는 언제나 공통점이 있다. 그들은 모두 역사 리듬의 일반 법칙ein generelles Gesetz der historischen Rhythmik을, 더욱 정확하게 말하면 인간의 유한한 수명이라는 생물학적 법칙과 연령층의 소여성Gegebenheit[13]에 의거해 발견하고자 한다. 그 목적은 생물학의 영역에 근거하여 지적 흐름들과 사회적 흐름들의 형식적인 변화를 곧장 이해하고, 인류 진보의 형태를 인류의 생명이라는 생물적 사실vitalen Unterlagen의 관점에서 구성하는 것이다. 그 과정에서 모든 것은 가능한 한 단순하게 표현되어, 연장자는 항상 보수적인 요소로 그리고 청년

은 저돌성의 상태로 보일 것이라는 도식적 심리학schematis
sierende Psychologie이 나타난다. 이런 관점에서 본다면, 정신
의 역사Geistesgeschichte는 인간이 '역사적 연대표historischen
Zeittatafeln'를 연구하자마자 나타나는 것처럼 보이게 된다.

이러한 단순화 이후 문제의 핵심은 다음과 같다. 즉 공적
생활에서 구세대로 간주된 시대의 평균 기간이 신세대에 의
해 대체되는 평균 시간을 찾아내고, 또한 주로 사람들이 결
정적인 사건을 실행하고 그때부터 계산해야만 하는 자연스
러운 출발점을 찾아내는 것이다. 한 시대의 기간은 아주 다
양하게 측정된다. 몇몇 학자들은 그 기간을 15년으로 생각했
고(예를 들면 드로멜), 대부분은 30년을 그 기간으로 이해했
다. 30년 주기의 바탕에는, 생애의 첫 30년은 학습기이고, 개
인에게 창조적인 시기는 평균적으로 그 이후에 시작하며, 60
이 되면 사람들은 공적 생활을 그만두게 된다는 생각이 깔려
있다.[14] 세대연속Generationsfolgen의 자연적 출발점을 발견하
기는 쉽지 않다. 왜냐하면 한 사회 전체에서 탄생과 죽음은
지속적으로 연이어 나타나며, 완전한 간격들은 어린이가 결
혼 적령기에 도달하기 이전의 명백한 시기가 존재하는 개별
가족 안에서만 나타나기 때문이다.

이것이 세대 문제에 대한 실증주의적 접근법의 핵심을 구
성한다. 나머지는 이 원리를 역사에서 발견된 구체적인 실례
에 적용하는 것에 지나지 않지만, 또한 개별 영역을 밝히려

는 의지는 매우 중요한 그 문제의 곁가지를 획득하는 성과를 거두었다.

특히 그 문제를 역사적인 측면에서 최초로 검토한 멘트레[15]는 더욱 견고한 토대 위에서 전체를 공식화했다.[16] 그는 에스피나스Espinas[17]의 저작(*Les Societé s animales*, Paris, 1877)에 근거하여 동물들 사이의 세대현상을 다룬 뒤, 인간 가족 내의 세대들의 문제를 분석했다. 그가 복잡한 영역에서 문제를 다룬 것은 바로 여기부터 시작되었으며, 그 후 사회적 세대와 지적 세대 같은 문제를 연구했다.

따라서 우리는 멘트레가 '제도들institutions'과 '자유 집단들séries libres'의 차이를 구분(레비 브륄Lévy-Bruhl과 공통적이다)하면서 알게 되었던 문제의 분화가 또한 중요하다. 세대리듬 Generationsrhythmik은 제도들의 품보다는 집단들séries——살롱과 문학 동아리 같은 자유로운 인간 집단——의 영역에서 명백하게 나타난다. 왜냐하면 제도들은 대부분의 경우 명령과 집단적 책임의 조직화 또는 공통 규정들에 의해 태도와 행위 방법을 규정하며, 또한 그 결과 자라나는 세대의 고유한 독창성을 은폐하기 때문이다.

그의 연구의 본질적인 부분은 지배적인 것으로서 그 밖의 다른 모든 영역들을 결정하는 역사적인 사건에서의 주요 영역(예를 들면 정치, 과학, 법, 예술, 경제 등)이라 일컬었던 것이 존재하는가의 질문과 연관된다. 비록 미적인 영역이 정신적인 분위기의 총체적 변화들을 반영하는 데 가장 적절한데도, 모든 특수한 영역이 보편적인 역사의 흐름[18]에 개입하기 때문에, 그는 다른 영역들에 자신의 고유한 발전의 리듬을 부여하는 지배적인 영역이 존재하지 않는다는 결론에 도달한다. 16세기 이후 프랑스 내에서 이러한 영역의 역사에 관한 분석을 바탕으로 멘트레는 본질적인 변화가 30년 간격으로 발생한다는 관점을 취하게 되었다.

멘트레의 책은 실제로 꽤 두껍지만 거의 아무런 성과도 내놓지 못했을 뿐만 아니라 그 문제를 체계적으로 공식화하는 데에도 실패했다. 그럼에도 그의 책은 이 문제를 최초로 포괄적으로 다루었다는 점에서 유용하다. 최근 프랑스 학자들이 한 세대에서 다른 세대로의 변화라는 문제에 그렇게 관심을 두게 된 것은 결코 우연이 아니다. 이는 자유주의적-코스모폴리탄적 파고가 민족주의 정신으로 무장한 청년세대의 급격한 출현에 따라 쇠퇴하는 것을 그들이 목격했던 사실에서 기인한다. 세대의 변화는 직접 제공된 자료와 학문적 영역의 밖으로 확장된 문제로, 즉 실생활에 대한 영향이 예컨대 일련의 질문들을 제기함으로써 구체적으로 관찰되는 문제로 나타났다.[19]

멘트레가 때때로 순수하게 양적인 접근을 넘어서 표현하고 있지만, 우리는 그를 실증주의자로 여긴다. 왜냐하면 그가 세대 문제를 다루면서 이 주제와 관련한 실증주의 학파의 마지막 언어를 대표하기 때문이다.

이제 우리는 그 반대에 있는 낭만적-역사적 접근법에 당연히 주의를 기울여보도록 하자.

2. 낭만주의적-역사주의적 문제 제기

우리가 독일에서 이 문제 제기의 흔적을 추적한다면, 전혀 다른 분위기에 맞닥뜨리게 된다. 이와 같은 세대의 문제에 대한 서로 다른 해결책은 서로 다른 시대에 다양한 여러 나라에서 그 당시의 주도적인 조류에 따라 제시되었다. 그러나 문제 제기와 사유 방법이 나라에 따라, 시대에 따라, 지배적인 정치적 경향에 따라 서로 다르다는 것을 우리의 문제만큼 잘 보여주는 것은 없을 것이다.

그 문제를 통계학적인 관점에서 제기했던 뤼멜린Rümelin, 계보학적인 탐구를 출발점으로 사용했던 로렌츠가 여전히 본질적으로 그들 시대의 실증주의적인 관점에 경의를 표한 것은 사실이다. 그러나 하나의 특수한 "독일적인" 특징은 딜타이Dilthey[20]가 세대들과 관련된 전체 문제와 씨름할 때 나타났다. 일찍이 낭만주의 학파와 역사학파에서 생생하게 살아 있던 모든 전통과 자극이 딜타이의 저작에서 되살아났다. 딜타이에게서 그들의 독창적인 낭만주의적-역사주의적 토대로부터 독일의 정신과학Geisteswissenschaft[21]을 확립했던 문제 제기와 범주가 새로운 형태로 갑자기 다시 무더기로 출현한 것이다.

독일과 프랑스에서 지난 세기를 지배했던 주도적인 사상 흐름들은 두 나라의 역사적이며 정치적인 구조들과 완전히 일치하여 출현했다.

프랑스에서는 계몽주의 전통에서 직접 도출된 실증주의 유형의 사상이 유행했다. 실증주의 사상은 프랑스에서 자연과학을 지배했을 뿐만 아니라 정신과학의 토대를 세우곤 했다. 실증주의 사상은 진보 집단들과 반대파에 의해 수용되었을 뿐만 아니라 심지어 보수주의와 전통주의를 공언한 집단들에도 침투해 들어갔다. 독일에서는 전체 상황이 정반대로 전도된다. 그곳에서는 강력한 보수적 자극에 의해 추동된 낭만주의와 역사학파가 칼자루를 쥐었다. 독일에서는 다만 자연과학들만이 실증주의의 징후 아래 확립되었을 뿐이다. 반면 정신과학들은 역사주의적-낭만주의적 방식으로 확고하게 세워졌으며, 실증주의는 때때로 반대파 집단들의 후원을 받았을 때만 간간이 그리고 돌출적으로 수용되었다.

그러나 모든 논리적 사유 범주들은 사람들이 과장할 필요도 없고 강요할 필요도 없는 이처럼 명백히 상호 대립하는 안티테제를 둘러싸고 거의 대체적으로 투쟁했으며, 또한 세대 문제도 이와 같이 엄청나게 광대한 전투에서 병참기지로 나타났다. 사람들이 프랑스적-실증주의적인 문제 제기와 독일적-낭만주의적인 문제 제기 사이의 이러한 현저한 차이와 다양성을 이와 같이 커다란 관계에서 문제 삼지 않는다면, 사람들은 이런 차이와 다양성을 세대 문제의 영역에서도 전혀 이해할 수 없게 된다.

상술된 것처럼 프랑스에 고향을 두고 있는 자유주의자, 요컨대 실증주의자의 시각에서 세대 문제는 무엇보다도 단선적 진보 개념을 옹호하는 증거로 기여한다.

근대 자유주의적 자극에서 발생한 이런 유형의 사상은 처음부터 외재화한 역학적 시간 개념을 채택했고, 양적으로 측정 가능한 시간을 단선적 진보를 위한 객관적 척도로서 발견하려고 시도했다. 여기에서는 또한 세대의 연속이 시간의 단선성을 파괴하는 것이 아니라 구체화하는 사건 경과로서 나타난다. 세대변화에 가장 중요한 것은 세대변화가 진보에서 본질적인 추동 요소들 가운데 하나로 고려된다는 점이다.

이와 반대로 낭만주의적이며 역사주의적으로 확립된 독일 정신을 갖춘, 즉 보수적인 관찰 동인에 의존하고 있는 사람이 세대 문제에서 역사적인 시간 경과의 단선적 발전 개념에 반하는 반대 증거를 발견하려고 노력한다면, 이러한 진보 개념[22]은 도전받게 된다.[23] 여기에서 세대 문제는 이러한 방법에 근거한다면 측정될 수 있는 것이 아니라 순수하게 질적으로 파악 가능한 내적 시간의 현존이라는 문제가 된다.

딜타이의 저작에서 나타나는 상대적 신선함은 양적으로 측정 가능한 시간과 질적으로 파악 가능한 경험 시간의 개념을 구분했다는 바로 그 사실에 있다. 딜타이가 세대 문제에 특히 관심을 쏟은 이유가 있다. 그가 인정한 바에 따르면, 세대의 존재에 의해서 시간, 달, 해(年), 10년을 토대로 삼았던 정신적인 운동의 진행과정의 일상적이며 외적일 뿐인 뼈대[24]를 '내부에서 작동하는 측정 개념'에 따라 대체할 수 있었기 때문이다. 세대의 존재 덕분에 정신적인 운동들을 재현의 직관적인 과정에 따라 평가하는 것이 가능해졌다.[25]

나아가 딜타이가 세대현상에서 단언한 것은 한 세대 이후 다른 세대의 계승뿐만 아니라 그들의 동시대성Gleichzeitkeit이 단순한 연대기적 의미보다 더 중요한 의미가 있다는 점이다. 동시대에 성장한 개인들은 대부분의 학습기 시절에도 그리고 나이가 든 뒤에도 자신들에게 영향을 준 지적 문화뿐만 아니라, 사회적 그리고 정치적 환경에서 도출된 동일한 지배적 영향들을 경험한다. 그들은 동시대인이고, 그들이 세대를 구성한다. 왜냐하면 이러한 영향은 통일적이기 때문이다. 정신의 역사에서 동시대성이 단순한 연대기적 자료가 아니라 오히려 현존하는 영향의 동종성Gleichartigkeit을 뜻한다는 이러한 전환에 따라, 세대에 관한 문제 제기는 일종의 산술적 신비주의[26]로 전도되었던[27] 수준에서 순수하게 이해 가능한 내적 시간의 영역으로 부드럽게 나아간다.

따라서 수학적인 계산 가능성의 문제가 경험 가능한 질의 문제가 된다. 즉 세대간격generationsabstand은 내적으로 추체험이 가능한 시간이 되고, 세대의 동시대성은 내적인 동질적-규정성이 된다.

여기에서 이런 생각은 하이데거Heidegger[28]의 현상학적 견해로 한 단계 나아간다. 하이데거는 곧장 이러한 질적인 동맹Verbundenheit의 문제를 심화시켰고, 이러한 동맹적 존재를 운명Geschick으로 규정하고자 했다.

공존Miteinandersein이 몇몇 주체의 단순하게 함께 있는 것Zusammenvor-kommen으로 파악될 수 없는 것과 마찬가지로, 운명은 개인적 숙명Schicksalen의 총량으로 구성되지 않는다. 개별적 숙명은 동일 세계에서의 공존과 명백한 가능성들을 위한 확고함[29]에서 이미 방향이 결정된다. 운명의 힘은 상호작용과 갈등에 구애받지 않는다. 자신의 세대 속에서 그리고 자신의 세대와 더불어 살아가는 존재의 숙명적인 운명das schicksalshafte Geschick이 개인적인 인간 존재의 완벽한 극적 사건을 완성한다.[30]

우리가 이미 딜타이의 출발에서 발견했던 질적인 시간 개념으로부터 또한 예술사가 핀더[31]의 문제 제기가 자라났다.[32] 낭만주의적-질적 접근이 제공한 실제적인 가능성을 효과적으로 확립할 수 있는 그럴듯한 내용은 딜타이의 저작에는 잠깐 언급되었을 뿐이다. 실제로 딜타이는 또한 실증주의에서 배우기까지 했다.

반대로 핀더는 수많은 깊이 있는 통찰들을 제시하긴 했지만, 모든 낭만주의적 유혹에 철저하게 빠져들어 낭만주의적 무절제를 어떻게 회피해야 할지는 몰랐다. 핀더가 세대현상에서 가장 관심을 기울인 것은 '동시대의 비동시성 Ungleichzeitigkeit des Gleichzeitigen'이다. 다양한 세대가 동일한 연대기적 시간에 살고 있다. 그러나 현실적인 시간은 경험된 시간이기 때문에, 다른 세대는 모두 질적으로 완전히 상이한 내적인 시대에 살고 있다.

> 모든 사람은 완전한 동시대적인 가능성 속에서 나이가 같은 사람들과 나이가 다른 사람들과 더불어 살고 있다. 각 개인에게 동일한 시간은 다른 시간, 특히 그 자신과 비슷한 나이대의 사람들과 공유하는 **자기 자신만의 다른 시대**이다.33

따라서 시간의 매 순간은 본래 시간적 공간Zeitraum34이며 더 많은 영역을 내포한다. 왜냐하면 시간의 매 순간은 개별적으로 현존하는 세대층들의 다양한 전개에 따라 항상 끊임없이 도달될 수 있는 시간적 공간이기 때문이다.35 핀더가 사용한 음악적 비유를 인용해보자. 시대의 사유는 다성적polyphon으로 조직되어야만 한다. 사람들은 각각의 '시점Zeitpunkt'에서 항상 개별 세대들의 개별 목소리들——시간상의 그 지점에 제 방식대로 도달한 각 세대——을 식별해내야만 한다.

각 세대는 고유한 '엔텔레키Entelechie'[36]를 자발적으로 구성한다는 더 발전된 사상이 있다. 이 엔텔레키에 의해 각 세대는 실제로 그들만의 질적인 통일성에 비로소 도달하게 된다. 딜타이의 저작에서 한 세대의 내적 통일성은 지적으로 또 사회적으로 서로 영향을 주고받는 공동체 내에 존재하고 있음에도, 그에게서는 연결 고리가 완전하게 질적인 형태로 파악 가능한 것으로 나타나지 않았다. 하이데거는 통일성을 최초로 구성한 운명의 개념으로써 이것을 보완하려고 시도했다. 그 뒤 핀더의 저작에서——근대 예술사의 전통에 입각하여——엔텔레키 개념이 모습을 드러냈다.

그에 따르면 한 세대의 엔텔레키는 그 세대의 '내적 목적의 통일성', 즉 삶과 세계를 지각하는 타고난 방식의 표현이다. 예술사의 전통에서 검토해본다면, 세대 엔텔레키 Generationentelechie는 리글Riegl[37]의 예술적 의욕Kunstwollens[38]이라는 개념이 스타일 통일성Stileinheit의 현상에서 세대 통일성Generationeinheit의 현상으로 전환된 것을 보여준다. 리글의 예술적 의욕이라는 개념 그 자체는 이미 역사학적인 인민정신 개념에 내재된 형태학적 경향이 실증주의의 영향 아래 다시 나타나 결실을 맺은 것에서 비롯한다.

사람들이 지금까지 '시대정신Zeitgeist'의 통일성이라는 관점에서 다루었다고 한다면, 핀더의 저작에서 이 개념은, 핀더가 애호했던 음악적 비유들 가운데 다른 하나를 들어 설명한다면, 실제로 푸가fuga[39]의 서로 다른 수평 체계(즉 세대 엔텔레키들)에 속했던 개별 음들의 수직적 만남의 임시 화음Scheinakkord[40]이다. 따라서 세대 엔텔레키들은 과거에 과대평가되었던 시간적 통일성(시대정신 또는 한 시기의 정신)의 파괴에 기여한다. 한 시기의 정신은 어떤 통일적인 자극도, 어떤 추동적인 자극도, 어떤 통일적인 형성 원리도, 또한 어떤 엔텔레키도 갖고 있지 않다. 그것의 통일성이란 기껏해야 수단과의 친척관계일 뿐이다. 그 관계란 이러한 시간이 다양한 세대의 임무들을 수행하는 것을 말한다. 각 시기들은 그들만의 특수한 색깔을 띠고 있다.

> 그러한 색들이 실제로 존재하기는 하지만, 그 색들이란 다양하게 서로 은은하게 드러나는 서로 다른 세대의 색조들과 서로 다른 연령집단의 색조들을 투명하게 드러나는 투명 도료층과 같은 것이다.[41]

따라서 여기에서 본질적으로 적절한 하나의 엔텔레키의 존재를 부정함으로써 한 시대의 통일성이 부정되며, 그럼으로써 시대정신 개념이 부정되고 해체된다고 한다면, 그렇게 되면 사상가가 작업하는 데 사용하곤 했던 그 밖의 단위들이 타당성을 얻게 된다. 핀더에 따르면 세대들의 엔텔레키 외에도 예술의 엔텔레키, 언어의 엔텔레키, 스타일의 엔텔레키, 민족과 종족의 엔텔레키, 또한 유럽의 엔텔레키, 마지막으로 개인들 그 자신들의 엔텔레키들이 존재한다.

이제 핀더의 저작에서 역사적 사건은 어떻게 형성되는가? 그것은 불변 요소들과 가변 요소들의 상호작용이다. 불변 요소들은 문화권Kulturraum, 민족, 종족, 가족, 개인 그리고 유형들Typus이며, 가변 요소들은 이미 언급된 엔텔레키들이다.

경험('영향들' '관계들')보다는 성장의 우선성이 주장되었다. 예술적인 삶은 신비한 자연 과정에서 **태어난 특정한** 엔텔레키들과 이러한 엔텔레키들의 실제 발전에서 **경험되는** (분명히 마찬가지로 본질적인) 갈등들, 영향들 그리고 관계들과의 상호작용에서 발생한다고 주장되었다.[42]

여기에서 눈에 확 띄는 것은 위와 같은 요소들의 나열 가운데 사회적인 요소가 거의 암시조차 되지 않는다는 점이다.

독일 내에서 이와 같은 낭만주의적인 경향은 자연적 영역들과 정신적 영역들 사이에 사회적으로 조직된 힘들의 영역이 또한 있다는 사실을 완전히 은폐한다. 독일에서는 두 가지 경향이 나타난다. 한 가지 경우는 사람들이 완벽하게 정신화해서 모든 것을 엔텔레키(확실하게 존재하는 것)들에서 도출하는 것이다. 또 다른 경우는 사람들이 사실주의를 도입하려는 의무감에서 감정을 받아들이고, 그다음에 인종과 세대와 같은 직접적인 생물학적 자료들(이것 또한 확실하게 존재하는 것)을 수용하고서, '신비로 가득한 자연적 과정'에서 정신적인 능력을 끄집어낸다.

세상에는 또한 어떤 경우건 당연히 수수께끼들이 있다. 그러나 우리는 힘들의 응집을 사회적 과정들의 관점에서 적절히 이해할 수 있게 하는 지점보다는 오히려 적절한 위치에서 수수께끼의 효과를 확인해야만 한다. 인간들이 본래부터 상호 대면하는 사회적 관계는 그들의 집단 내에서——인간들이 서로 대립해서 만들어내며, 인간들의 현실적 투쟁이 엔텔레키를 창조해내며, 여기서부터 종교와 예술 등에 함께 해를 끼치며, 나아가 모형을 만들어내는 바로 그 집단 내에서——또한 공동형성적 힘을 얻게 된다. 아마 여기서 실제로 '갈등들' '영향들'과 '관계들'만이 중요한지, 그 반대로 사회적 엔텔레키가 창조적인 힘들의 이와 같은 요소들에서 형성된 힘Gewalt을 방출하는지 질문해보는 것이 유용할 것이다. 이와 같은 것은 우연하게 나란히 마주치는 예술, 스타일, 세대 등등의 엔텔레키와 교차하여 만나게 되는 위와 같은 엔텔레키들의 사이에서 사회적으로, 협력적으로 그리고 대립하여 쇄도하는 에너지에서 곧장 만들어지는지 질문하는 것이 중요하다. 만약 이런 관점에서 이 문제를 고찰하지 않고, 사회학적 요소들과 역사학적 요소들 없이 생명적 요소들의 직접적인 관계에서 정신적인 것의 지나치게 극단적인 표현을 가정한다면, 특히 결정적인 세대들은 "자연의 우연한 산물"[43]일 뿐이고 "탄생 시기의 문제가 죽음의 시기에 관한 아주 복잡하고 신비한 문제를 알려줄 것"[44]이라는 결론을 아주 쉽게 끌어내고 싶은 유혹에 빠질 것이다. 말하자면 앞에서 다음과 같은 그러한 사변을 언급했던 딜타이의 말은 매우 객관적이기는 하지만, 동시에 진정한 연구본능과 얼마나 모순되는가!

> 당분간 대체로 각 세대의 경우 능력의 정도와 많은 국가적인 유용성이라는 전체적으로 동등한 조건 아래에서 동일할 것이며, 이것을 토대로 두 가지 다른 조건들의 집단[45]이 업적의 분포와 강도를 설명해줄 것이라는 가장 자연스러운 가정이 나타난다.[46]

심지어 천재적인 솜씨를 자랑하는 핀더의 엔텔레키 개념뿐만 아니라 '동시대의 비동시성' 같은 사상은 가치가 있다. 엔텔레키와 '동시대의 비동시성'은 낭만주의적-역사주의적 접근의 결과이자 의심할 여지없이 실증주의에 의해서는 결코 도달할 수 없는 개념이다. 그러나 그가 비유적인 사유 형태를 사용할 때를 보면, 그의 업적은 위험할 뿐만 아니라 모든 과학적 정신을 위협하기까지 한다. 이러한 사유 방식은 실제로 르네상스 기간 동안 유행한 자연철학에 관한 사색들에서 도출되었으며, 낭만주의자들에 의해서 재생되었고, 아주 기괴한 형태로 진행될 때까지 폭증했다. 요컨대 이러한 사유 방식은 핀더의 저작에서 사용되었으며, 종종 그는 생물 학적 측면의 세계적인 리듬을 끄집어내곤 했다. 또한 그는 역사 속에서 측정 가능한 간격들(비록 다소 유연한 형태이긴 하지만)을 확립하려고 했으며, 마법적인 세대공식의 도움을 받아 역사의 진행과정에서 결정적인 탄생층들을 발견하려고 시도했다. 그러지 않았다면 걸출한 학자가 되었을지도 모를 조엘Joel[47] 또한 한층 더 구조적으로 최악의 상태에 빠지게 되었다. 역사 속의 세속적인 리듬을 다룬 그의 가장 최근 저작을 보면 낭만주의적인 사색을 직접 느끼게 된다.

사람들이 고정 가능한 시간적 간격에 의지해 세대의 리듬을 확정하려고 할 때에만 실제적인 세대 문제가 존재한다고 가정하는 것은 대부분의 탐구자들이 저지르는 보편적인 잘못이다. 그러한 간격을 확정하려는 이론이 비록 증명 불가능하다 할지라도, 세대 문제는 그럼에도 여전히 탐구할 만하고 내용이 풍부한 연구대상이다.

역사 속에 작동하는 세속적인 리듬이 있는지, 있다고 한다면 그것이 언제 발견될 것인지 우리는 알 수가 없다. 그러나 우리는 세속적인 리듬을 이와 같은 환상적인 사색적 방법으로 발견하려는 어떤 시도도 당연히 배격한다. 특히 생물학과 정신에 근거해서 확립된 사변적 사색이 근접되고 연구해야 할 것의 탐구, 즉 세대현상에 근거한 사회적 사건들과 그 발전을 놓치게 된다면, 더더욱 사변적 사색을 배격할 것이다.
사람들이 이러한 형성층을 완전히 간과하고서 모든 것을 생
물학적 요소를 토대로 직접 파악하려고 한다면, 따라서 사람
들이 문제를 해결하면서 문제 제기에서 그토록 만족적이며
길조를 나타내는 모든 결실 가능한 맹아를 파묻어버린다면,
생물학적인 리듬은 사회적 사건들의 요소들 속에서만 작동
한다.[48]

II. 사회학적 관점에서 본 세대 문제

세대 문제는 다른 무엇보다 먼저 손을 대고 고찰해야 할 만큼 아주 중요한 문제다. 또한 사회 운동과 지적 운동의 구조를 이해하는 데 꼭 필요한 안내자들 가운데 하나이다. 당면한 현재의 급속한 변화 현상을 정확히 이해하려고 시도하자마자, 세대 문제의 실천적인 의미가 즉시 명백해진다. 과학 외적인 방법들이 직접적인 탐구의 여지가 있는 문제의 요소들을 항구적으로 은폐한다면, 이것은 아주 애석한 일이다.

오늘날 드러나듯이 그 문제에 대한 이전 탐구를 검토해보면 이 문제에 대해 공통적으로 받아들일 만한 접근 방법이 존재하지 않는다는 것은 명백하다. 개별적으로 영위하는 여러 나라의 정신과학과 사회과학들은 다른 이웃 나라의 업적을 간간이 받아들였다. 특히 세대 문제의 영역에서 독일의 연구는 외국에서 얻어진 결과들을 거의 받아들이지 않았다. 더구나 수많은 다른 학문이 그 문제를 다루었다는 사실을 고려한다면, 사람들이 그 문제 전체에 대한 명료한 문제 제기와 목적의식적인 해결은 아닐지라도 전체적인 해결을 향한 흥미로운 공격적인 연구가 시작되었으며 어느 정도 성과를 낳았다는 상황이 도출되었다.

다양한 국가의 지적 전통들의 독특성과 개별 과학들의 특성에서 비롯된 다양한 관점은 매력적이고 유용하다. 따라서 그와 같은 광범위한 문제가 아주 다양한 학문과 국가들의 협업의 결과로 해결될 수 있다는 데에는 의심의 여지가 있을 수 없다. 그러나 협업은 어디에서인가는 계획되어야 하며 조직적인 중앙에 의해 내적으로 통합되어 있어야만 한다. 이런 측면에서 세대 문제의 현재 상태는 사회과학들과 인문과학들의 시각에서 볼 때 극도의 무정부 상태에 빠져 있다고 할 수 있다. 그와 같은 상태에서 사회과학들과 인문과학들의 모든 연구자는 자신의 관점에서 새롭게 출발하며 (물론 어느 정도 수확도 있었으며 필연적인 것)[49], 따라서 이와 같이 다양한 선행 연구가 통일적인 문제 맥락의 요소로서 고찰될 수 없는지 그리고 그럼으로써 개별 학문의 역할과 몫이 전체적인 해결을 위해 기여할 수 있는지 묻지 않았다. 사회과학들과 인문과학들을 총체적으로 조직화하려는 어떤 시도도 당연히 바람직하지 않다. 그러나 문제의 특수한 속성에 따라 다른 모든 학문의 연구 토대가 되는 조직적 중심의 역할을 맡을 수 있는 하나의 학문이 항상 존재하는지 아닌지 질문을 던지는 것은 최소한 고려할 만한 가치는 있다. 세대현상의 근본적인 사실을 가장 기초적으로 그리고 동시에 두드러지게 다루는 것은 의심할 여지 없이 형식사회학formalen Soziologie[50]의 몫이다.

그러나 형식사회학의 영역 내에서 이 문제는 정태적 탐구 유형들과 동태적 탐구 유형들의 경계선에 있다. 오늘날에 이르기까지 형식사회학은 대부분의 경우 인간으로 구성된 집단의 존재를 정태적으로 연구하는 경향이 있는 반면, 이러한 문제는 사회적인 사건에서 역동적인 구성요소들의 역동적인 힘과 효과적인 질서를 곧장 만들어냈던 문제 제기의 집단에 속하는 것으로 나타난다. 따라서 이것은 순수하게 형식적인 정태사회학der rein statischen에서 형식적인 동태사회학der formal dynamischen으로 그리고 형식적인 동태사회학에서 응용 역사사회학angewandt historische Soziologie으로, 다시 말하면 이러한 세 영역을 모두 함께 포함하는 것이 가능한 사회학적 탐구의 완성 영역으로 이행한다.

이다음부터 우리는 형식사회학의 관점에서 세대현상과 관련된 가장 기본적인 사실을 다룰 것이다. 세대현상을 해명하지 않고서는 그 문제에 대한 역사적 탐구를 시작할 수 없다. 그러나 동시에 우리는 올바른 것으로 입증된, 지금까지 축적된 과거의 모든 탐구들을 이용하기는 하겠지만, 우리에게 충분히 확립된 것처럼 보이지 않는 그러한 탐구들은 무시할 것이다.

1. 구체 집단—사회적 위치

세대관계Generationszusammenhang의 현상을 기본 구조에 근거하여 생생하게 묘사하고자 한다면, 우리는 세대의 통일성Generationseinheit과 연관된 개인들의 특수한 상호작용을 해명할 필요가 있다.[51]

세대의 통일성이라는 사실이 의식적으로 통일 지향적인 구체 집단들을 형성하는 토대가 되는 경우가 종종 있는데도, 한 세대의 통일성은 주로 구체 집단 형성을 지향하는 사회적 유대에 있지 않다(예를 들면 근대 독일 청년운동die Jugendbewegung in der Moderne).[52] 이것이 사실이라면, 이러한 집단 형성은 대부분 도당들Bünde에 불과하며, 여기서는 주로 임의의 객관적인 내용이 아니라 의식화한 세대관계가 하나의 구체 집단을 형성하는 토대가 된다는 사실에 따라 하나의 특수성을 드러낼 뿐이다.

그러나 세대관계가 구체 집단을 형성하는 계기가 될 수 있다는 이와 같은 특수한 경우를 무시한다면, 우리는 곧장 세대관계를 구체 집단 형성과 대립하는 단순 관계로 위치 지을 수 있다.[53]

목적 연합[특수한 목적을 위한 조직들]Zweckverbände, 예컨대 가족·종족·종파가 그러한 구체적 사회 집단들의 예이다. 이러한 집단 통일성이 본질적으로 '인접성Nähe'이라는 생명적이며 존재론적인 것에서 도출된 결합들에 근거한 것이든, '의지의 방향Kürswillen'이라는 의식적인 건설에 근거한 것이든 간에, 이와 같은 모든 구체 집단 형성은 그 집단에 속하는 개인들이 실제로 하나의 집단을 구체적으로in concreto 형성한다는 점에 의해 특징지어질 수 있다. 가족·종족과 같은 모든 "공동체" 집단들Gemeinschaftsgebilde은 전자에 의거한 것인 반면, 후자는 '조합' 집단들Gesellschaftgebilde을 구성한다.

세대관계는 공동체라는 의미에서 하나의 구체 집단으로 특징지어질 수 없다. 왜냐하면 공동체의 경우에는 상호 간의 구체적 지식을 전제로 하며, 외적인 인접성이 단절되면 정신적이며 영적인 해체가 이루어지기 때문이다. 그러나 세대관계는 특수한 목적을 위해 형성된 조직들과 같은 조합적인 조직gesellschaftlichen Formationen들—— 때때로 목적 연합——과 비교될 수도 없다. 왜냐하면 조합적인 조직의 경우 의식적으로 의도된 신중한 법규, 성문 규약, 조직을 해체하는 장치가 특징이며, 이러한 것들이 공간적 인접성과 생명력이 넘치는 단순한 유대를 대신하는 기능을 하기 때문이다.

자연적으로 발전하거나 의식적으로 지향된 결합이 수많은 개인들을 하나의 집단으로 묶는다면, 우리는 이를 '구체 집단'이라고 말한다. 세대관계는 사람들이 무엇인가에 의해 결합된 개인들의 공동생활이다. 그러나 이러한 유대에서는 우선 어떤 구체 집단도 나타나지 않는다. 그럼에도 세대관계는

하나의 사회적 현상으로서 그 속성이 기술되고 파악되어야
만 한다.

내용 측면에서 본다면 세대관계와 근본적으로 아주 다르
지만, 특정한 구조적인 기본 사실 측면에서 본다면 세대관계
와 유사함을 보여주는 전적으로 다른 속성을 띠는 사회적 범
주를 원용하는 것이 아마도 이 문제를 해결하는 데 도움이
될 것이다. 이것은 다름 아니라 바로 계급적 지위Klassenlage의
현상일 것이다.

넓은 의미에서 계급적 지위는 개인들이 자기가 살고 있는
사회의 경제 구조와 권력 구조 내에서 운명과 유사한 위치[54]
라고 정의할 수 있다. 어떤 한 사람은 프롤레타리아, 기업
가 또는 불로소득 생활자다. 그는 사회의 구조 내에서 자신
의 특수한 '위치'의 특별한 무게감(사회적인 압력 또는 기회로
서)을 끊임없이 느끼기 때문에 바로 그 계급적 지위에 속한
다. 사회적 영역 내에서 이러한 위치는 한 조직의 소속과 마
찬가지로 지적인 의식적 행위에 따라 언제든지 탈퇴할 수 있
는 것이 아니다. 그러나 이런 사실을 고려한다 해도 사람들
은 공동체에서와 마찬가지로 동일한 의미에서 자기 존재의
모든 힘을 다하여 태어나면서부터 우연히 구체 집단과 연결
되는 것이 아니다. 사람들은 개인적 또는 집단적 흥망성쇠에
따라 자신의 계급적 지위를 떠날 수 있다. 이 경우 개인적 업
적, 개인적 노력, 사회적 봉기 또는 더욱이 아주 단순한 우연

에 기인한 것인지는 그리 중요하지 않다.

'목적 조직'에 대한 소속감은 상호관계를 벗어나겠다고 알림으로써 해소된다. 정신적-영적 상호관계가 우리 또는 집단의 다른 구성원에게서 작동하기를 멈춘다면, 공동체적 유대는 존재하기를 그친다. 우리가 우리의 경제적 구조와 권력 구조의 변화에 따라 이와 같은 새로운 지위를 얻자마자, 앞서 언급한 계급적 지위는 우리와의 그 연관성을 상실한다.

사람들은 하나의 계급적 지위에 놓이게 마련이다. 즉 사람들이 그 계급적 지위에 관해서 아는지 모르는지, 또는 사람들이 그 자신의 계급적 지위를 인정하는지 안 하는지는 부차적이다.

계급의식이 특수한 사회적 조건 아래 계급의식, 계급적 지위에서 발생할 수 있어도 한 가지 특수한 특징에 따라 계급의식을 부여할 수 있으며, 결과적으로 '의식적 계급sich konstituierenden Klass'[55]을 형성할 수 있어도 계급의식이 반드시 계급적 지위에 귀속되는 것은 아니다. 그러나 위에서 분석한 구성물에 대한 우리의 관계에서는 사회적 공간 내에서 위치Lagerung[56]라는 현상만이 우리의 관심을 끌 뿐이다. 구체적 사회 집단의 통일성의 맞은편에 사회적 공간 내에서 인간들의 유사한 위치의 현상, 즉 계급적 지위와 세대관계가 유사한 순간이 존재한다.

우리는 이제 '구체 집단'이라는 현상과 별개로 위치현상에 관한 분석을 향한 첫발을 내디뎠으며, 어쨌든 다음과 같은 것이 분명하다. 즉 세대관계는 사회적 공간 내에서 하나의 세대에 귀속된 개인들의 유사한 위치에 근거한다는 점이다.

2. 세대현상의 영역에서 생물학적 문제 제기와 사회학적 문제 제기의 구분

유사한 위치는 사람들이 사회적-역사적 현실 내에서 비슷하게 위치 지어지는 각각의 구조에 대한 참여에 따라 정의될 수 있다. 계급적 지위는 그때마다 변화하는 사회의 경제적·권력적 구조의 존재에 의해 공고해진다. 세대위치 Generationlagerung는 인간 존재에서 생물학적 주기의 존재, 즉 삶과 죽음이라는 요소, 제한된 수명이라는 요소, 나이라는 요소들에 의존한다. 사람들은 하나의 세대에 속함으로써, 동일한 탄생 시기에 속함으로써, 사회적 사건의 역사적인 도도한 흐름 속에서 유사한 위치를 부여받는다.

이제 세대동질성Generationzummengeörigkeit이라는 사회학적 현상이 생물학적 요소들을 토대로 직접 이해될 수 있으며 연역될 수 있다고 생각해보자. 그러나 이것은 자연주의에 근거하는 모든 이론들의 오류로, 이 이론들은 이와 같은 자연적 사실들을 토대로 사회적인 것을 직접 연역하려고 시도하거나 또는 이와 같은 일차적인 엄청난 양의 인류학적 자료들 속에서 사회적 현상을 끄집어내는 것을 말한다. 우리는 인류학과 생물학을 바탕으로 삶과 죽음의 현상, 제한된 수명 그리고 나이 그 자체에 동반되는 육체적-정신적-영적 변화를 설명할 수 있다. 그러나 인류학과 생물학은 이러한 기본 사실들이 끊임없는 역사적-사회적 상호관계에 미치는 연관성과 관련해서는 아무것도 설명해주지 못한다.

세대관계라는 사회학적인 현상은 궁극적으로 탄생과 죽음의 생물학적 리듬에 근거한다. 그러나 어떤 것에 근거하고 있다 할지라도, 어떤 것으로부터 연역된다거나 그 안에 포함된다는 것을 뜻하지는 않는다. 다른 어떤 것에 의해 공고해진 현상은 다른 어떤 것 없이는 이해할 수 없기는 하지만, 그 현상은 기본 현상과 대립되는 연역 불가능하고 질적으로 고유한 추가적 속성을 그 자신 안에 지니고 있다. 인간의 사회적 상호작용이 존재하지 않는다면, 어떤 명백한 사회구조가 없다고 한다면, 특수한 종류의 지속성에 근거하는 역사가 없다고 한다면, 위치현상에 근거한 세대관계의 구성물이 발생하는 것이 아니라 탄생 시기, 나이, 죽음만이 나타날 것이다.

따라서 세대들에 관한 사회학적인 문제는 이러한 생물학적 요소들의 사회적 연관성이 발견되는 바로 그 지점에서 시작한다. 이제 기본적인 현상 그 자체와 더불어 시작하자. 그리고 이제 우리는 무엇보다도 세대관계를 사회적 위치의 특수한 유형으로 이해하려고 시도해야만 한다.

3. 하나의 위치에 '내재된 경향'

계급적 지위와 세대위치(서로 유사한 동갑내기에 소속되는 것)
는 다음과 같은 공통점이 있다. 양자는 역사적-사회적 생활
공간에서 동일 계급과 동일 세대에 참여하고 있는 개인들의
특수한 위치[또는 지위]의 결과이므로, 이러한 개인들을 일
정한 활동 여지를 가능하게 한 사건에 묶어두며, 특정한 사
유 양식과 경험 양식 그리고 역사적 과정에 대한 특정한 개
입 양식을 미리 규정한다. 따라서 하나의 각각의 위치는 가
능한 경험·사유·감정·행동의 수많은 방법과 양식을 우선
적으로 제외하며, 개인이 선택할 수 있는 자기표현의 범주
도 어떤 규정된 가능성들에 제한시켜버린다.[57] 그러나 소극적
인negative 제한만으로는 모든 것이 파악되지 않는다. 사회학
자의 견지에서 본다면 위치의 고유한 난점을 토대로 자명하
게 파악될 수 있는 어떤 명백한 행동, 감정 그리고 사상의 양
식의 경향은 적극적인positive 의미에서 모든 위치에 내재한다.
　따라서 우리는 이러한 의미에서 모든 사회적 위치에 내재된
경향, 위치 그 자체의 특수한 본성을 토대로 결정될 수 있는
경향을 언급해야 할 것이다.

특정한 계급적 지위에게 사회는 일정한 측면으로 나타난다. 그러나 또한 사회적-정신적 영역을 채우는 경험적, 지적 그리고 감정적인 내용들은 '보편적으로' 존재하는 것이 아니다. 오히려 이러한 내용들은 각각의 특수한 계급적 지위에 특정한 '측면'으로만 존재한다. 따라서 프롤레타리아는 아마도 자신이 속한 계급에서 벗어나지 않는 일반적인 방법만을 가지고 문화적 유산 그리고 특정한 문화적 유산에 참여할 뿐이다. 가톨릭적이며 중세적인 문화처럼 아주 통일적인 인상을 주는 정신도 신학을 연구하는 성직자인지, 기사인지, 또는 수도사인지에 따라 아주 다른 내용으로 나타난다.

그러나 이와 같은 정신적 내용이 제공되거나 또는 모두가 이런 정신적 내용에 접근할 수 있는 곳에서도 그리고 이처럼 제공되거나 '접근 가능한' 한에서도, 이러한 접근 방식, 다시 말하면 방향 전환, 가공, 계승 발전은 어느 정도 결정되어 있다고 볼 수 있다. 일반적으로 그러한 경우 우리는 이러한 접근 방법은 해당 사회계층의 특수한 전통에 의해 결정된다고 말하곤 한다. 그러나 또한 생활 영역과 사회계층의 전통은 해당 계층의 역사뿐만 아니라 무엇보다도 그 구성원이 사회 영역 내에서 자리 잡은 위치에 의해 설명 가능하고 이해 가능하다.

특수한 방향에 내재된 전통들은 그 전통들을 받아들인 계층의 위치가 어느 정도 변하지 않은 채 남아 있는 한에서만 오랫동안 지속된다. 현존하는 견해 또는 문화적 산물의 구체적인 형태는 특수한 전통의 역사에서 도출되는 것이 아니라, 그 전통이 본래 발생하여 하나의 전통으로 견고해지는 위치의 역사에서 도출된다.

4. 세대현상 영역에서의 기본적인 사실

우리가 지금까지 언급한 바에 따르면, 세대관계는 우선 역사적-사회적 영역에서 동일 '연령'의 특수한 방식 이상을 의미하지 않는다. 계급 지위의 속성은 경제적-사회적 조건들의 관점에서 더 잘 설명될 수 있다고 한다면, 세대위치는 세대변화의 숙명성Naturgegebenheit에서 비롯된 특수한 경험과 사유 양식이 이 숙명성에 놓인 개인들을 설득하는 계기들에 따라 결정된다.

삶과 경험에서 어떤 구조적인 계기가 세대현상에 의해 발생할지는 다음과 같은 경우에 가장 명료하게 눈에 보이는 듯이 설명할 수 있다. 즉 한 세대가 영원히 살고 있으며 다음 세대계승이 전혀 일어나지 않는다면 인간의 사회적인 삶이 어떻게 보일 것인가를 머릿속으로 실험하면서 질문을 던지는 것이다.[58]

이와 같이 유토피아적으로 구성된 인간 사회와는 반대로

우리의 사회는 다음과 같은 것에 의해 특징지어질 수 있다.[59]

(1) 새로운 문화 담지자의 끊임없는 출현에 의해

(2) 이전 문화 담지자의 소멸에 의해

(3) 그 당시 세대관계의 담지자는 시간적으로 한정된 역사 과정에만
    참여한다는 사실에 의해

(4) 축적된 문화유산의 지속적 전승(전달)의 필연성에 의해

(5) 세대교체의 지속성에 의해

위와 같은 사실들은 세대들의 존재에 의해 함축된 전적으로 기본적인 현상들이므로, 우리는 이제 육체적으로 나이 듦과 정신적으로 나이 듦의 특수한 현상에는 의도적으로 눈을 돌리지 않기로 하자.[60] 위와 같은 것을 출발점으로 삼고, 이제부터 우리는 이러한 사실들의 형식사회학적 연관성을 검토해보자.

(1) 새로운 문화 담지자의 끊임없는 출현

유토피아적으로 구성된 사회와는 반대로, 세대가 세대를 뒤따르는 곳에서 살고 있는 우리 자신은 문화적 창조와 축적이 동일한 개인들 속에서 완성되는 것이 아니라 '새로운 동년배'가 끊임없이 출현한다는 사실에 의해 특징지어진다.

첫째, 이것은 문화가 축적된 문화유산에 '새롭게 대면'하는

사람들에 의해서 발전된다는 것을 뜻한다. 우리의 정신적 구성의 본성을 고려한다면, '새로운 종류의 대면'이란 동시에 항상 대상과의 새로운 종류의 거리 두기, 즉 현존하는 것을 습득해 가공하고 개선하면서 새로이 시작하는 것을 뜻한다. 덧붙여 말하면 '새로운 대면'은 수많은 사회적 삶 속에서도 연관되며, 그 안에서 특수한 실현을 발견하는 하나의 현상이다.

'새로운 대면'은 한 개인이 운명에 의해 자기가 본래 속한 집단을 떠나 새로운 집단으로 들어가도록 강요받을 때 각 개인의 삶 속에서 아주 큰 의미가 있다. 예를 들면 도시로 이주하기 위해 청년이 고향을 떠나거나 농민이 시골을 떠날 때, 또는 이민자가 자기 조국을 떠나거나 사회적 야심가가 자신의 사회적 지위나 계급을 떠날 때를 생각해보자. 이러한 모든 경우에 의식태도에서 아주 본질적인 변화가 일어난다는 것은 잘 알려진 사실이다. 하나의 변화는 받아들이는 질료의 경험적인 속성뿐 아니라 정신적이고 영적인 태도에서도 일어난다. 그러나 이러한 모든 종류의 '새로운 대면'의 특징은 개인의 삶의 영역에서 각각 발생한다는 사실이다. 반면 세대 연속의 현상이 만들어낸 '새로운 대면'은 실제로 '새로운 삶'을 시작하는 생명력 넘치는 육체적-정신적 통일체의 추가에 따라 확립된다.

청년, 농민, 이주자 그리고 사회적 야심가는 다소 제한된 의미에서 '새로운 삶'을 시작하는 반면, 세대들의 경우 사회적 유산과 문화적 유산과의 '새로운 대면'은 단순한 사회적 변화가 아닌 근본적인 생물학적 요소들에 의해 확립된다. 따라서 우리는 아주 본질적으로 상이한 두 가지 유형의 '새로운 대면', 즉 사회적 영역에 대한 대면과 그 내용에 대한 대면을 구분할 수 있다. 전자는 사회적 이동에 의해 형성되고, 후자는 생명적 요소(세대변화)에 의해 형성된다. 후자의 유형은 잠재적 측면에서 아주 근본적이다. 왜냐하면 문화 과정에 새로운 참여자가 들어옴으로써 태도의 변화가 일어나고, 역사적으로 앞섰던 참여자가 이전 세대에 의해 유증된 문화에 동일한 태도를 취하지 않기 때문이다.

세대연속이 없다면, 이와 같은 생물학적으로 확립된 '새로운 대면'이라는 특수한 현상도 발생하지 않을 것이다. 동일한 개인이 문화유산의 담지자이자 개선자라고 한다면, '새로운 대면'은 여전히 사회적 이동에서 가능하기는 하겠지만 이와 같은 근본적인 현상으로서 '새로운 대면'은 사라질 것이다. 한번 확립된 기본 의도(경험 태도 또는 지적 경향)가 끊임없이 유지될 것이다. 이것은 장점이기는 하지만, 특수한 치명적인 일면성도 있을 것이다.

이와 같은 유토피아적 인간이 또한 유토피아적 의식을 소유하고 있다면, 그들이 한편으로는 경험해야 할 것을 모두 경험하는 것이 가능하고 알아야 할 것을 모두 아는 것이 가능하며, 그리고 언제든 새로운 것을 시작할 수 있는 탄력성을 소유하고 있다면, 새로운 세대들이 소멸한다 해도 아무런 문제가 없다. 그와 같이 '내적인 탄력성'을 소유하고 있다면, 역사적이고 사회적인 상황의 변화들이 만들어낸 '새로운 대면'은 새로운 관계와 상응하여 내적인 삶과 외적인 삶을 변화시키기에 충분하다.

따라서 이와 같은 유토피아적 상像과는 반대로 우리의 사회적 삶 속에는 새로운 인간이 지속적으로 출현하기 마련이고, 이러한 사실이 각 개인의 의식의 제한적이며 부분적인 본성을 보완해준다는 것은 명백하다. 새로운 인간들의 새로운 출현은 지속적으로 축적된 유산을 메워주기는 하지만, 의식하지도 못한 채 필요에 따라 현존하는 것의 영역에서 새로운 선택과 수정을 하게 하며, 우리에게 이용 가능한 것은 잊지 않도록, 이미 획득한 것은 더 욕심내지 않도록 가르친다.

(2) 이전 문화 담지자의 끊임없는 소멸

두 번째 요소의 기능은 이미 언급한 현상 속에 암시되어 있다. 이전 세대들의 사멸은 사회적 사건에서 필수적인 망각에 기여한다. 우리의 사회가 더 지속되려고 한다면, 사회적 기억은 망각과 새롭게 시작하는 행위만큼이나 꼭 필요하다.

이 점에서 우리는 사회적 기억이 어떤 형식 속에서 스스로 나타나는지, 문화 축적이 인간 사회에서 어떻게 완성되어가는지를 분명히 해야만 한다. 모든 정신적 자료들과 문화적 자료들이 현재 생산되고 재생산되고 있는 한에서, 이런 자료들은 실제로 단지 존재할 뿐이다. 따라서 과거의 육체적인 경험과 정신적인 경험은 구체적으로 현재 속에서 존재할 때에만 현재적 의미가 있다. 과거 경험은 여기에서 다음과 같은 두 가지 방식으로 존재한다(우리의 고찰을 위해 이와 같은 두 가지 방법은 고려되어야 한다).[61]

① 인간들이 자신들의 행동을 유형화하는 의식적인 인지 모델들로서[62]——예를 들어 말한다면——프랑스혁명 이후의 대다수 혁명들은 알게 모르게 프랑스대혁명을 모델로 하는 경향이 있다; 또는

② 무의식적으로 '압축적인', 단지 '함축적인' 또는 '실제적인' 유형들로서, 예를 들면 정신적인 삶의 역사가 모든 과거 경험의 도구의 구체적 형태에서, 특수한 경험 형태(대개 감상)에서 실제로 드러나는 방법을 고려해보라. 모든 현재의 실행은 (대부분의 경우 무의식적으로) 선택적으로 행하는 것이다. 즉 잠재적인 것은 현재 새로운 상황에 적합하도록 변형되거나 새로운 것을 만들어내며, 또한 이전에는 직접 무시되어왔던 잠재적인 것에 대한 은폐된 가능성의 '측면'을 드러낸다.[63]

한 가지 무의식적인 선택이 사회적 삶의 원초적인 단계에서

작동하고 있다. 그곳에서 과거는 '압축적인', 단지 '함축적인' '실제적인' 형태로 현존한다. 사회적 현존재의 현재적 단계에서도 또한 이와 같은 무의식적 선택이 교육의 속도가 그렇게 연관되지 않은 정신적-지적인 현재 영역에서 작동한다. 전통적인 반의식적인 변화가 더 이상 충분하지 않는 곳에서만 의식적 행위, 반성화가 필요하다. 반성 없이는 필요한 변화가 더 이상 완성되지 않고 반성이 이완의 기술로 이용될 때, 역사적-사회적 구조의 변화에 따라 문제가 되는 각각의 영역만이 주로 합리화되고 반성적으로 되어간다.

삶의 과정의 진행에서 언젠가 그리고 어디에서인가 문제가 되었던 요소들은 우리에게 무엇보다 자명하게 반성적으로 행해졌던 문화 속에 놓여 있다. 그렇다고 해서 일단 반성되고 문제가 되었던 것이 문제가 되지 않는 상태에서 다시 손대지 않았던 삶의 배경으로 되돌아갈 수 없다고 말하는 것은 아니다. 어떤 경우에 반성의 형태로 과거를 소유하는 기억의 양식은 과거가 단지 실제적으로, 함축적으로 현존한다는 것보다 그리 중요하지 않다. 무반성적 요소가 반성적 요소에 의존하기보다는 그 반대로 반성적 요소가 무반성적 요소에 종종 의존한다는 것이 훨씬 더 그럴듯하다.[64]

이제 여기서 우리는 어떤 작용에 의해서 획득된 기억들과 개인적으로 자연스럽게 얻은 기억들을 구분(반성적 요소와 무반성적 요소에 적용할 수 있는 구분)하는 것이 중요하다. 내가 개인적인 발전 과정에서 스스로의 힘으로 직접 기억들을 얻었는지 아닌지, 또는 내가 단지 그 밖의 어떤 사람을 통해 기억들을 받아들였는지 아닌지는 본질적으로 차이가 있다. 나는 단지 실제로 스스로 직접 획득했던 기억들, 즉 실제 상황에서 실제로 직접 얻었던 '지식Wissen'을 소유한다. 이러한 지식만이 '흔들리지 않고 남아 있으며', 이러한 종류의 지식만이 실제로 구속력이 있다. 따라서 한편으로 인간이 정신적인 소유와 지적 소유에서 획득했던 모든 것이 스스로 획득한 기억이 된다는 점에서 바람직하다면, 어린 시절의 소유와 획득 방식이 나이가 들어 지식의 새로운 획득을 가로막게 될 것이라는 위험이 나타날 것이다. 노인이 청년보다 경험이 많다는 것은 여러 면에서 장점이 있다. 반면 청년에게 경험이 부족하다는 것은 젊은이에게 거추장스러운 짐의 감소, 다시 말하면 그 덕분에 변화 중인 세계에서 쉽게 삶을 영위할 수 있다는 것을 뜻한다.[65] 한 개인이 특수하게 개인적으로 획득한 사용 가능한 과거 경험의 범주 안에서만 살고 있으며, 그래서 모든 새로운 경험이 그 내용과 지점을 미리 어느 지점까지 예정해놓는다면, 그는 나이가 든 사람이다. 반면 삶이 시작되는 청년기에는 형성적인 힘들formierenden Kräfte이 스스로 생성하며, 또한 기본적 태도들이 새로운 상황들의 주조적인 힘prägende Gewalt을 스스로 이용할 수 있다. 따라서 영원히 살고 있는 인간 종족은 새로운 세대들이 지니지 못하는 것을 군이 보완하려고 노력하는 것을 잊어야만 할 것이다.

(3) 세대관계의 담지자는 시간적으로 한정된 역사 과정에만 참여한다는 사실

세 번째 기본 사실은 지금까지 언급된 것의 관점에서 간단하게 설명할 수 있다. 지금까지 위에서 부각한 두 가지 요소 (1)와 (2)는 사회의 끊임없는 '재활기Verjüngung'와 주로 연관된 현상들을 두드러지게 했다. 실제의 새로운 탄생에 의해서만 결국 이루어질 수 있는 것은 새로운 삶에서 새롭게 출발하고, 새로운 경험 관계에서 새로운 운명, 새롭게 형성된 기대를 만들어내는 것이다. 다만 사회적인 재활기와 함께 주어진 이와 같은 요소들과는 반대로 앞에서 암시되기는 했지만 상세하게 설명하면서 분석되지 않았던 '유사 위치verwandten Lagerung'의 현상이 이제 적절하게 분석될 수 있다.[66]

무엇보다도 하나의 세대는 모두 집단적 사건의 동일 단계에 동시에 참여함으로써 유사한 위치에 놓이게 된다. 그러나 이것은 순수하게 역학적이고 외적인 위치현상의 기준이다. 앞에서 기억의 구조로 돌아갔듯이, 여기서는 경험의 단층 현상이 당연히 동원되어야만 한다. 사람들이 동시에 태어났다는 사실이나 어린 시절, 성인 시절, 노인 시절이 일치한다는 사실보다는 오히려 이런 것에서 비롯된 동일한 종류의 기억과 삶의 내용 등등에 참여하고, 또한 동일한 종류의 의식층

에 근거하여 이런 일에 참여한다는 점이 본질적으로 사회적 영역에서 공통 위치gemeinsame Legerung를 구성한다.

연대기적 동시대성이 공통적인 유사한 세대위치를 충분히 구성하지 못한다는 점은 쉽게 입증할 수 있다. 1800년 무렵 중국 청년들과 독일 청년들이 유사 위치에 놓여 있었다고 어느 누구도 단언하지 못할 것이다. 공통적으로 연결된 어떤 경험과 경험의 내용에 대한 잠재적 참여가 전제될 때에만, 동시대에 놓인 세대의 유사 위치라고 언급할 수 있다. 연대기적 시간 속에서 탄생의 위치가 사회학적으로 연관될 때에 공통적인 역사적-사회적 생활공간이 가능해진다.

나아가 위에서 언급한 경험의 단층 현상을 이 지점에서 고찰해야만 한다. 몇몇 나이 많은 세대 집단들이 성장 중인 청년세대와 함께 어떤 역사적인 과정을 함께 경험하긴 하지만, 그럼에도 그들이 동일 세대위치라고 말할 수는 없다. 그들이 현저하게 다르다는 것은 본질적으로 그들의 삶들이 다른 종류의 단층에 있다는 사실로써 설명될 수 있다. 인간 의식의 구조성은 특수한 내적 '변증법'에 따라 특징지어진다. 의식의 형성을 위해서는 '최초의 인상들', '어린 시절의 경험들'과 같은 경험들이 문자로 표현되고, 제2, 제3의 그리고 또 다른 단층이 추가되는 것이 매우 중요하다. 나아가 동일한 '경험'과 그 경험의 연관과 표현[67]을 위해서는 위에서 언급된 것들을 결정적인 어린 시절의 경험으로 소화한 한 개인에 의해서 경험될 것인지, 또는 이런 것들을 '후기 경험'으로 소화한 다른 개인들에 의해서 경험될 것인지가 아주 전적으로 중요하다.

초기 인상들은 자연적 세계관naturaliches Weltbild[68]으로 확립되는 경향이 있다. 그다음부터 이후의 모든 경험들은 이러한 최초 인상과 자연관의 결합을 바탕으로 그 의미를 받아들이는 경향이 있다. 물론 그 경험들이 이러한 최초 경험 단층의 결합을 입증하고 완성하는 것으로 나타나는지 또는 그 결합의 부정과 안티테제로 나타나는지는 아무 상관이 없다. 경험들은 일생을 거쳐 요약이나 응집 과정에 따라 축적되는 것이 아니라 기술된 방식대로 '변증법적으로' 구체화한다. 실제로 실행된 행동·생각·느낌 속에서 잠재적으로 현존하는 이러한 특수한 형태의 변증법적 구체화를 우리는 여기서 다룰 수는 없다('반정립Antithetische'은 이전의 경험에 이후의 경험을 접목한 형태다).

그러나 다음과 같은 것은 아주 확실하다. 인간의 나머지 삶은 어린 시절에 획득된 '자연적 세계관'의 부정과 파괴 이외에 아무것도 아니라 해도, 초기 인상들의 결정적인 영향은 여전히 생생하며 현저하다. 왜냐하면 사람들은 심지어 부정할 때조차 근본적으로 부정되고 있는 것에 집중하는 방향으로 나아가며, 따라서 의도와 무관하게 그것에 의해 결정되기 때문이다. 모든 구체적 경험이 그 특수한 외관과 형태를 경험의 이러한 최초의 자기 지향적 주요 경험에 의해 결정된다고 생각한다면, 이러한 최초의 경험 단층이 인간 의식의 더 나은 발전을 위해 어떤 의미가 있는지는 명확하다.

방금 기술된 현상과 이어지는 또 다른 사실은 연이어 출현하는 두 세대가 세상 속에서 그리고 자신 내부에서 항상 당시의 다른 적대자들과 싸운다는 사실이다. 나이 든 사람은 자신의 내부 또는 외부에 있는 어떤 것과 싸우며, 나이 든 사람들의 모든 감각의도Gefühlsintentionen와 의지의도Willensintentionen, 심지어 생각의 해명Begriffsklärungen도 이러한 적을 향하는 반면, 이러한 적들은 나이가 어린 사람들에게는 아무 의미도 없다. 청년세대의 주요 방향은 전적으로 다르다. 특히 종종 문화 영역에서 고찰되는 사실, 즉 역사의 발전은 직선으로 나아가지 않는다는 것은 이와 같은 '양극적 경험'의 위치 변환(내적 또는 외적 적대자들의 이와 같은 소멸에 따라 그 자리에서 전자가 후자에 의해 대체되는 것)에 기인한다.

세대 변화에서 비롯된 이와 같은 특수한 '변증법'은 유토피아적으로 구성된 사회에서는 부재할 것이다. 유토피아적으로 구성된 사회에서 사회적 양극성——존재한다고 가정한다면——은 기껏해야 변증법적으로 발생한 계기에 따라 작동할 수 있다. 유토피아적인 사회의 인간들은 역사적인 최초의 경험을 주요 경험 단층으로 가졌으며, 그 뒤에 오는 모든 경험은 근본적으로 이 원초적 경험에 근거하게 될 것이다.

(4) 유증된 문화유산의 지속적 전승, 양도의 필연성

유증된 문화유산의 지속적인 전승·양도의 필연성은 또한 여기에서 최소한 반드시 암시될 필요가 있는 특정한 구조를 규정한다. 여기에서 이제 다음과 같은 한 가지 문제만 뽑아내서 생각해보도록 하자. 유토피아적인 유일 세대는 전승Tradierens의 필연성을 알지 못할 것이다. 전승에서 본질적인 것은 새로운 세대가 유증된 생활의 내용, 감정과 태도에 자연스럽게 익숙해지는 것이다. 의식적인 가르침은 위의 것과 견준다면 질적으로 그리고 의미에 따라 제한된 범주일 뿐이다.

새로운 상황에서 문제없이 작동하며 생활의 원천으로 기여하는 그러한 모든 태도들과 관념들은 무의식중에, 의도하지 않고서도 유증되고 전승된다. 즉 이러한 것들은 교육자와 학생이 그것에 관해 전혀 몰라도 스며든다. 의식적으로 정신적인 측면에서 가르쳐진 것이거나 몸에 배도록 익혀지거나 가르쳐진 것은 시간이 흐르면서 어쨌든 언젠가는 문제가 되며 반성적으로 되어간다. 이것은 청소년 초기에 '환경의 작용Milieuwirkung'에 따라 꾸밈없이 스며든 모든 기초 자산이 의식 속에서 역사적으로 가장 오래된 의식층이 되고, 또한 이 자산이 자연적 세계관으로 확정되고 안정화해가는 경향 그 자체를 지니게 되는 이유를 보여준다.[69]

그러나 청소년 초기에 사람들은 반성적 요소들을 켜켜이

쌓인 생활상의 자원과 마찬가지로 '아무런 문제가 되지 않는 것으로' 자신 속에 받아들인다. 새로운 인간 내부에 잠재적으로 현존하는 새로운 정신적이며 지적인 삶의 맹아는 적절한 의미에서 아직 자기 자신에게 도달하지 못했다. 실제로 문제 제기 시점의 가능성은 자기 실험적 삶이 시작하는 때보다 종종 조금 이르게, 종종 늦게, 정확하게 그 시점인 17세 무렵에 나타난다.[70] 삶이 이제 최초로 '현재'의 문제로 슬며시 스며들어오고, 문제 자체를 느낄 가능성을 얻게 된다. 새로운 사회적·역사적 위치가 문제가 되고, 그 때문에 반성하게 되는 그런 수준의 의식 내용과 태도에 도달하게 된다. 즉 이제 최초로 인간은 현실적으로 '현재 속에서' 존재한다.

논쟁적인 청소년은 이러한 상태에서 싸우기는 하지만, 그들이 아무리 급진적이라 해도 반성화한 의식의 최상층을 얻으려고 애쓰지는 않는다. 왜냐하면 깊숙이 있는 층은 흔들리지도 않으며,[71] 탈안정화가 필요하다면 그 과정은 반성 수준에서 출발해 관습 깊은 곳까지 작동하기 때문이다.[72] 청년이 '현재적 존재Gegenwärtiger-Sein'[73]라는 것은 현재의 문제에 근접해 있다는 것(앞에서 언급했듯이 '잠재적으로 새로운 접촉'의 결과로) 그리고 실제로 개념의 해체에서 이 문제를 주요 안티테제로 경험하고 있으며 여기에 적극 뛰어든다는 데 의미가 있다. 이 과정 동안 구세대는 자기들이 이전에 새로운 방향이라고 생각하던 것을 고수한다.

이런 점에서 본다면, 청년에 대한 적절한 교육과 교수(능동적인 지식에 요구되는 경험 중심의 완전한 전승이라는 의미에서)는 엄청난 어려움에 놓이게 될 것이다. 왜냐하면 청년은 경험상의 문제점 탓에 그들을 가르치는 사람들의 교육과 교수와는 아주 다른 종류의 적대자들에 의해 규정될 수밖에 없기 때문이다. 따라서 (정확한 과학은 예외로 하고) 교사-학생의 관계는 하나의 대표적인 의식 일반과 다른 대표적인 의식 일반 사이에 있는 것이 아니라, 하나의 가능한 생물학적 지향의 주관적 중심과 이후의 또 다른 주관적 중심 사이에 있다. 이러한 긴장[74]은 생생한 삶의 경험을 전달하는 데서 한 가지 역행적인 요소, 즉 교사가 학생을 가르치는 것이 아니라 학생이 그의 선생을 교육하지 않는다면 거의 해결할 수 없다. 세대들은 끊임없는 상호작용 상태에 있다.

(5) 세대교체에서의 지속성의 현상

위의 사실은 우리를 다음과 같은 논점, 세대교체에서 지속성의 현상이라는 주제로 이끌어간다. 이 현상에 의해서 또한 이와 같은 반작용은 마찰 없이 행해진다. 이러한 반작용적 화해 과정에서 가장 나이 많은 세대와 가장 어린 세대가 아니라, 서로 가장 인접한 '중간 세대Zwischengeneration'가 서로 대치한다. 서로에게 가장 영향을 끼치는 세대는 바로 이것이다.[75]

대부분의 세대 이론가들이 30년 간격이 결정적이라고 인지하고 싶어 했던 것처럼, 이것이 그리 다행스러운 일은 아니다. 왜냐하면 모든 매개 집단들이 서로 협력하며 서로 적대적이지 않다고 한다면, 사회의 생물학적인 세대차이를 화해시키려고 하면서 영향을 끼치기 때문이다. 나이 든 세대들에 대한 청년세대 문제의 역영향은 사회의 역동성이 증가하는 정도에 따라 커진다. 상황이 안정적이면, 청년세대로 하여금 나이 많은 세대에 동화하고, 심지어 스스로 나이가 들어 보이는 지점까지 나아가는 경향을 띠게 한다. 반면 역동성이 증가하면, 종종 청년과 대립되어 있던 나이 든 세대로 하여금 의식을 고양하도록 유혹한다.[76] 이러한 과정이 강화되는 경우도 있다. 예를 들면 나이 많은 세대가 일정한 영역에서 생활상의 경험에서 획득한 유연성에 따라 자신들의 생활 태도를 아직 형성하지 못한 중간mittlere 세대들보다 훨씬 더 잘 적응하는 경우도 있다.[77]

따라서 객관적인 조건들이 지속적으로 변하면, 자신들의 행위체계에서 그 변화를 최초로 구체화한 새로운 세대가 그 지속적 변화에서 역할을 하게 마련이다. 새로운 청년세대가 사소한 변화를 새롭고 중요한 것으로 경험하면 할수록, 새로운 자극으로 무장한 더 많은 매개자들[78]이 가장 나이 많은 세대의 가치체계와 가장 나이 어린 세대의 가치체계 사이에 슬며시 끼어들게 된다. 변동들에 의해 영향을 받지 않는 생명적 반응의 기초 자산은 그 자체로 남아 있다. 청년세대와 나이 든 세대가 끊임없이 상호작용을 하면 차이가 줄어드는 반면, 전이가 지속적으로 이루어지면 안정적인 시기에는 변화가 마찰 없이 행해진다.

요약해서 말하면 다음과 같다. 즉 사회적 과정 속에서 어떤 새로운 세대도 없다고 한다면, 새로운 생명의 맹아와 새로운 시작에서만 경험할 수 있는 것의 반영은 가능하지 않으며, 이러한 화해는 마찰 없이는 결코 완성될 수 없다.

결론[79]

5. 세대위치, 실제 세대, 세대단위[80]

이것은 일반적으로 세대현상 그 자체에 대한 추상화한 분석의 토대 위에서 알아낼 수 있는 요소들이다. 이러한 요소들이 생물학적 속성으로서 순수하게 주장된다면, 세대현상이 단순한 위치현상으로 기술된다면, 이러한 요소들이 세대에서 비롯된 작용Generationswirkung을 결정할 것이다. 그러나 '세대위치Generationslagerung'는 '실제 세대 Generationzusammenhang'와 동일하지 않다.[81]

단순한 계급 지위가 스스로 의식적으로 구성된 계급과 동일하지 못한 것과 꼭 마찬가지로, 실제 세대는 단순한 세대 위치보다 훨씬 더 많은 어떤 것을 뜻한다. 위치 그 자체는 잠 재적인 가능성으로서, 드러나거나 삽입되거나 다른 사회적 힘들에 개입되고 수정된 형태로 표현될 수 있을 뿐이다. 단 순한 연대기적 동시대성이 유사 세대위치를 구성하는 충분 조건이 아니라고 지적했을 때, 우리는 지금부터 다루고자 하 는 현상에 벌써 아주 가깝게 다가간 것이다.

동시대에 속하기 위해서, 그 세대위치에 내재된 약점들과 특권들을 수동적으로 겪거나 능동적으로 이용하기 위해서, 사람들은 동일한 역사적-사회적 영역 내에서, 달리 말해 동 일한 역사적 생활 공동체 내에서 동시대에 태어나야만 한다. 그러나 실제 세대는 특정한 역사적-사회적 통일성 내에서 위와 같이 기술된 단순한 현존하는 이상의 것이어야 한다.

실제 세대라고 말하기 위해서는 더 많은 구체적인 연계가 필요하다. 단도직입적으로 말한다면 이와 같은 추가적 연계 는 이러한 역사적-사회적 통일성이라는 공동 운명에 대한 참여 로 기술될 수 있다.[82] 이러한 현상에 대한 근접된 기술이 우 리의 다음 의무다.

우리는 1800년 무렵 프러시아 청년들이 같은 시기 중국 의 젊은 인민과 공통적인 세대위치를 공유하지 않는다고 앞 에서 언급했다. 그렇기 때문에 동일한 역사적 생활 공동체에 속한다는 것은 세대위치 공동체의 가장 폭넓은 기준이라 할 수 있다. 그렇다면 가장 좁은 기준은 무엇인가?

우리는 먼 지역에 떨어져 있어서 엄청난 격변을 조금도, 아니, 전혀 접촉하지 못하는 농민들을 동시대의 도시 청년과 함께 공동의 실제 세대 집단에 집어넣는가? 확실히 아니다! 농민들이 이러한 도시 청년들을 움직인 사회적 그리고 정신적 혁명들의 영향을 거의 받지 않는 한, 실제 세대 집단이 아니다. 따라서 실제의 사회적 그리고 정신적 내용들이 해체되어 새롭게 정립되는 영역들 속에서 동일한 세대위치에 있는 개인들 사이의 실질적인 유대를 만들어낸다면, 우리는 이를 하나의 실제 세대라고 말할 것이다.

그러므로 우리가 앞에서 언급한 농민인 청년들은 동일한 세대위치에 속하기는 하지만, 해당 실제 세대에 참여하지 못한다. 그들이 잠재적으로 사회적 변화의 소용돌이 속에 빠져들어갈 수 있는 한에서, 그들은 동일한 세대위치에 속할 뿐이다. 그리고 이와 같은 일은 실제로 모든 독일인을 분기시켰던 해방전쟁[83]에서 발생했다. 이 전쟁에서 농민의 아들들의 경우 단순한 세대위치가 실제 세대 참여자로 바뀌었다. 그러나 동일한 개인들이 해당 역사적 순간을 구성하는 사회적·정신적 흐름들에 참여하는 한에서만, 동일한 개인들이 새로운 상황을 구성했던 상호작용에 능동적이든 수동적이든 참여하는 한에서만, 그들은 실제 세대에 의해서 과거와 현재에도 결합된다. 그 전쟁의 시기에 거의 모든 사회계층들은 처음에는 전쟁을 향한 열광의 파고에, 나중에는 종교 부흥운동의 과정에 참여했다.

이러한 기초개념을 따라가다 보면, 여기서 다음과 같은 문제가 발생한다. 우리가 사회 변화 과정에 능동적으로 참여하지 않은 모든 집단들을 무시한다고 가정한다면, 그러면 이것은 그와 같이 참여하는 그러한 모든 집단들이 동일 세대에 속한다는 것을 뜻하는가? 예컨대 1800년부터 합리적이며 자유주의화한 집단과 반대로 시간이 흐름에 따라 점점 더 보수화해가는 집단이 눈에 두드러지게 나타났다. 이러한 두 개의 집단이 동일한 현대적 정신에 의해 통일되었다고 말할 수는 없다. 그렇다면 이 경우 동일한 실제 세대라고 말할 수 있는가? 더 나아가 우리가 용어상의 구분을 해본다면, 언뜻 그렇다고 말할 수 있는 것처럼 보인다. 낭만주의적이며 보수적인 청년과 자유주의적이며 합리적인 집단이 동일한 실제 세대에 속한다. 그렇다면 낭만적 보수주의와 자유주의적 합리주의는 그들이 모두 마주치게 되는 역사적-실제적 운명에 대한 두 개의 양극적인 형식들의 정신적 토론이자 사회적 응답이다.

동시대의 낭만적-보수적인 청년과 자유주의적-합리주의적인 청년은 동일한 실제 세대에 속하지만 두 가지 다른 세대단위들Generationseinheiten에 의해 결합되어 있다. 세대단위들은 단순한 실제 세대가 구성했던 유대보다 훨씬 더 구체적인 유대다. 동일한 역사적-실제적 문제에 정향하고 있는 이와 같은 청년은 동일한 '실제 세대' 속에서 살고 있다. 동일한 실제 세대 내에서 이러한 경험을 각각의 서로 다른 방법으로 소화하는 이러한 집단들은 동일한 실제 세대의 범주 내에서 각각의 다양한 '세대단위'들을 구성한다.

6. 세대현상에서의 통일 심화적 요소

이제 무엇이 세대단위를 만들어내는가 하는 문제가 제기된다. 여기에서 제시된 엄청나게 강력한 유대감의 본질은 어디에 있는가? 어떤 특수한 세대단위를 고찰하면서 맨 먼저 떠오르는 것은 그 세대단위 구성원들의 의식을 구성하는 내용들의 커다란 유사성이다. 내용들은——사회학적으로 검토한다면——그 안에 포함되고 이해되는 실제 내용뿐만 아니라 구성원들로 하여금 '사회적으로' 행동하도록 집단으로 묶는다는 의미를 담고 있다. 예를 들면 자유주의 세대단위에게 자유라는 이상은 그 안에 함축된 중대한 요구뿐만 아니라 자유 안에서 그리고 자유를 통해서 공간적으로 흩어져 있는 개인들을 하나의 단위로 결합시키는 것이 가능하기 때문에 아주 중요하다.[84]

그러니 내용들 그 자체는 한 집단을 만들어내는 주요 요소가 아니다. 대부분 자료를 형성하고 자료들에 성격과 방향을 부여하는 그러한 형성적 힘들이 단위들을 만들어낸다. 이와 같은 형성 경향Formierungstendenz이 일상적인 슬로건부터 이성적인 사유체계에 이르기까지, 명백하게 고립된 몸짓부터 완성된 예술작품에 이르기까지 종종 작동하고 있다. 이것의 사회적인 의미는 이 경향에 의해서 그리고 그 경향 안에서 개인들을 사회적으로 결속시키는 데에 있다. 슬로건, 몸짓 표현, 또는 예술작품의 심오한 '감정적' 의미는 사람들이 이러한 것들의 도움을 받아 내용뿐만 아니라 이러한 것들 안에 묻혀 있는 형성 경향들과 집단적으로 결속된 기본 태도들을 자신 안에 받아들이며, 또한 사람들이 이렇게 수용함으로써 일종의 집단적 바람Kollektiwollungen에 참여한다는 사실에 있다.

기본 태도들과 형성 원리들은 또한 모든 계승에 매우 중요하다. 왜냐하면 첫째, 기본 태도들과 형성 원리들이 실제로 공동체로 결속시킬 수 있기 때문이며, 둘째, 아마 더 중요한 이유는 이런 태도들과 원리들이 실제로 확장 가능하기 fortsetzbar 때문이다. 단순한 진술Feststellung은 공동체를 결속시키는 데서 그리 영향력이 크지 않으며, 어떤 만족스러운 척도에서 본다면 확장성의 맹아만을 가지고 있을 뿐이다. 사유의 확장성은 실제로 공동체화해가는 곳에서 작동하는 테제 속에 살아 있다. 그리고 비전·감정·예술작품이 계속되고,

새로운 삶의 위치에서 재생되며, 존재론적으로 다르게 해석될 수 있는 경향성Richtung은 바로 결속된 비전 속에, 결속된 감정과 예술작품 속에 있다. 이 때문에 만장일치, 즉 너무나 강력한 명료성은 절대적인 사회적 가치가 아니다. 요컨대 생산적 오해가 종종 지속적인 삶의 조건이다. 기본 태도들과 형성 원리들이 우선 사회적-역사적 과정에서 사회화 요소들이다. 사람들이 실제로 집단적인 과정에 참여하고자 한다면, 이런 태도들과 원리들에 익숙해져야만 한다.

현대 심리학은 인간의 지각이 '게슈탈트'[85] 지향적이며, 인간이 가장 단순하게 대상을 지각할 때조차도 개별 요소로부터 구성하는 원자론적 심리학이 믿었던 것처럼 행동하지 않는다고 아주 강력하게 확신한다.[86] 즉 인간은 지각을 할 때 개별 인상들(감각 자료)의 단계적인 총합에서 전체성Ganzheit으로 나아가는 것이 아니라, 그 반대로 게슈탈트적인 전체 인상과 더불어 출발한다. 사물을 인식할 때 이미 이처럼 '총체성Totalität', 즉 '게슈탈트Gestalt'의 우위성이 유효하다면, 이러한 우위성은 정신적인 내용의 해석에도 한층 더 유효하다. 인간이 필연적으로 게슈탈트적 지향을 할 수밖에 없는 데에는 수많은 이유가 있을 수 있다. 그중에서도 가장 그럴듯한 이유는 인간의 의식이 상대적으로 유한함에 따라, 끝없이 쇄도해 들어오는 요소들을 다 처리할 수 없으며, 그 때문에 이런 요소들을 게슈탈트적으로 축약하고 요약하는 절차를 거쳐 파악하도록 강요당한다는 것이다.

또다시 사물들을 게슈탈트의 관점에서 보는 것은 또한 우리가 여기서 다루어야만 하는 사회적인 것의 기원들을 보는데에도 도움이 된다. 사물 지각들과 이들의 논리적인 언어적 표현들, 다시 그 밖의 모든 내용들은 이들을 우연히 받아들이게 되는 고립된 개인을 위해서만 배타적으로 존재하는 것이 아니라, 그 배후에 있는 사회적 집단을 위해 존재한다. 따라서 이와 같이 부분적으로 축약하기는 하지만 부분에서 전체로 확장해가는 게슈탈트적 관점은 항상 어떤 경향, 즉 해당 '대상'이 상술했던 역사적-사회적 집단에 대해 취하고 있는 태도 속에서도 진행된다.

우리는 사물들을 이미 규정된 게슈탈트를 바탕으로 바라보고, 마찬가지로 우리는 개념들을 규정된 의미에서 생각한다. 각각의 규정성Bestimmtheit은 우리 배후에 각각 존재하는 집단에 의해서 주어진다. 실제로 하나의 집단에 동화된다는 것은 그 집단의 특징적인 가치들을 단순히 받아들이는 것 이상을 수반한다. 하나의 집단에 익숙해진다는 것은 이러한 집단을 특징짓는 그 집단의 가치들을 실행한다는 것을 의미할뿐만 아니라, 바로 그 집단의 '측면'에서 사물을, 그 집단의 의미 뉘앙스에서 개념을, 그 집단의 게슈탈트에서 영적-정신적인 내용을 파악한다는 것을 뜻한다. 나아가 하나의 집단과 결합된다는 것은 그 집단의 형성 의도와 구성 의도를 자

기 안에 받아들이며, 여기에서 비롯하여 새롭게 떠오르는 영
향을 토대로 사건들을 포괄적으로 서술한 방향 속에서 다룰
수 있다는 것을 뜻한다.[87]

이와 같은 형성 의도들이 존재한다는 것의 사회적인 의미
는 인간적으로 절대 서로 접촉할 수 없도록 공간적으로 분리
되어 있는 개인들이 이런 형성 의도들에 따라 연결될 수 있
다는 데에 있다. 유사 세대위치는 단지 잠재적인 어떤 것인 반
면, 실제 세대는 동일한 세대위치에 소속된 개인들이 공동의
운명과 그것에 속한 그 밖의 것과 연관된 내용들에 참여함으
로써 구성된다. 그다음 이러한 운명 공동체 내에서 특수한 세
대단위들[88]이 생성된다.

이는 다음과 같은 특징이 있다. 세대단위들은 다양한 개인
들이 공통적인 사건들에 느슨하게 참여하기는 하지만, 주어
진 사건 관계를 다르게 해석하며, 통일적인 반응, 즉 특정한
세대위치에서 결합한 개인들이 상술한 의미에서 형성했던
표현과 형상을 받아들인다.

따라서 동일한 실제 세대라는 범주 안의 양극에서 적대적
으로 다투고 있는 다수의 세대단위들이 형성될 수 있다. 이
들이 서로 다투면서도 조화를 이루기 때문에, 여러 세대단위
들은 하나의 '실제 세대'를 구성한다. 1810년경 정신적으로
사회적인 실제 세대에 참여했던 청년들이 당시 자유주의 이
념의 연구모임에 참여했건 보수주의 연구모임에 참여했건

간에, 그들은 동일한 실제 세대에 속한다. 그러나 그 청년들이 보수적인 기본 사조나 자유주의적인 기본 조류에 참여하는지에 따라, 그들은 이러한 실제 세대 내에서 각각의 다른 세대단위에 속하게 된다.

세대단위는 그 안에 내재된 이와 같은 방향 규정성에 따라 그 단위로 분류된 구성원들에게 더욱 구체적인 결속력을 부과한다. 실제로 근본적으로 그와 같이 새롭고, 명백하며, 부분적으로는 태도 수용적이고, 세대에 적당한 기본 의도들은 대부분 개인적인 접촉 없이 자연발생적으로 생성되는 것이 아니라 구체 집단들konkreten Gruppen 안에서 만들어진다. 구체 집단들 안에서 구성원들은 아주 가까운 거리에서 자신을 마주하고, 서로 정신적-영적으로 자신을 고양시키고, 이러한 생활 공동체 안에서 (새로운 위치에 상응하는) 기본 태도를 스스로 만들어낸다. 개별 인간들의 구체적인 결합에서 일단 발생한 그러한 기본 태도와 형성 경향들은 훗날 이러한 구체 집단들로부터 벗어나는 것 또한 가능해지고, 훨씬 더 넓은 영역에서 작동해 사람을 끌어들이고 결속력 있는 힘을 얻게 된다.

세대단위의 핵심이 본질적인 자극과 성장 가능한 맹아를 퍼뜨리는 구체 집단에 의해 형성되긴 하지만, 우리가 기술했던 의미처럼 세대단위가 구체 집단의 형태 안에서 존재하는 것은 아니다. 따라서 예를 들면 근대 독일 보수주의의 방향을 본질적으로 결정한 이념 범주들은 근본적으로 '기독교-독일 연회Christlich deutschen Tischgesellschaft'라는 협회에서 발생했다. 이 협회는 당시 시대 상황과 청년 보수주의자들의 특수한 세대 적합적 위치에서 발생한 모든 비합리적인 사조들을 받아들이고서 새롭게 만들어냈다. 근본적으로 이와 같은 구체 집단에서 훗날 훨씬 더 광범위한 영역들을 흡수할 가능성이 있는 여러 보수 집단의 이념들이 빛을 발했다.

본래 구체 집단에서 발전된 그러한 기본 태도들이 본래의 구체 집단을 넘어서서 사람들을 모으고 결속시키는 힘을 행사하는 이유가 있다. 이는 기본 태도들이 해당 세대위치를 어느 정도 적절하게 표현해주기 때문이다. 또한 이러한 구체 집단의 외부에 살고 있기는 하지만 유사한 위치에 있는 개인들이 역사적 공간 속에서 자신들의 위치와 상응하는 표현을 그 기본 태도들 속에서 발견하기 때문이다. 예를 들어 계급 이데올로기는 근본적으로 아주 긴밀한 구체 집단들에서 발생하며, 다른 개인들이 그 안에서 자신들의 특수한 사회적 위치에만 해당하는 경험들에 관한 다소 적절한 표현과 해석을 발견하는 경우에만 기반을 가질 수 있다. 이와 마찬가지로 하나의 세대단위를 구성하는 기본 태도들과 형성 경향들(본래 그와 같은 폐쇄 집단에서 생성된)은 동일한 세대위치에 놓인 개인들의 전형적인 경험들을 공식화할 때에만 실제로 효과가 있으며 더 넓은 영역들로 확장될 수 있다.

그러나 이러한 가능성은 폐쇄 집단들이 우리가 언급했던 새로운 종류의 접근과 새로운 종류의 '경험의 단층'을 표현하는 데 성공함으로써 입증된다. 그러나 또한 계급현상과 세대현상이 더 많은 유사성이 있는 것은 다음과 같은 경우다. 하나의 계급 이데올로기가 이 이데올로기에 우호적인 시대들을 만나 그 적절한 담지자를 넘어——상응하는 계급 지위를 넘어——호소력을 행사하는 것과 마찬가지로[89], 한 세대에 특수한 어떤 자극들이 그 시대의 경향에 우호적인 시대 상황 속에서 이전 또는 이후 시대 연령 집단들의 개별 구성원들의 관심을 끌 경우다.

그러나 우리는 여기서 더 나아갈 수 있다. 새로운 세대에 속하는 특수한 태도들의 핵심이 그들 자신의 세대에 속해 있기는 하지만, 이 세대와는 단절되어 있는 개별 개인(선구자들Vorläufer)[90]이 만들어내고 자신의 삶을 통해 완성하는 일이 종종 발생한다.[91] 이것은 특정 계급 이데올로기의 선구자들이 아주 이질적인 계급 출신인 경우와 아주 유사하다.

이러한 모든 현상들은 특정한 세대위치에 속하여 세대단위를 처음 창조해내는 새로운 기본 자극들이 존재한다는 테제의 타당성에 견주어 무의미하지 않다. 왜냐하면 이러한 모든 경우에 중요한 것은 이와 같은 새로운 자극들의 본질적인 담지자가 전체 담지자Kollektiv träger이기 때문이다. 그 계급 이데올로기가 종종 그 계급과는 다른 개인들에 의해서 고안되었다 할지라도, 또는 그 계급 이데올로기가 때때로 확장하여 그 계급에 속했던 계급 지위를 넘어 확장된다 할지라도, 계급 이데올로기의 실질적 소재지는 일상 속에서 늘 작동하는 그 전형적인 기회들과 약점들에도 불구하고 그 계급 자체에 있다. 이와 마찬가지로 다른 연령 집단들이 종종 새로운 자극들을 촉진시킨다 할지라도, 새로운 자극들의 실질적인 소재지는 세대위치(한 가지 특정한 새로운 경험의 양식을 종용하고 다른 경험을 제거하는)에 있다.

그러나 이제 다음과 같은 것을 가장 본질적인 것으로 고찰하자. 모든 세대위치, 심지어 모든 연령 집단이 그 자신에게 적당한 집단 자극, 형성 경향을 스스로 만들어내는 것은 아니다. 이와 같은 것이 발생한다면, 우리는 위치에 잠복해 있는 잠재성들의 능동화를 언급할 것이다. 그러한 잠재성의 능동화 빈도가 사회의 변화 속도[92]와 밀접하게 연관되어 있다는 것은 틀림없다. 사회적-정신적 변화의 속도가 전통적 유형들의 경험 양식, 사유 양식, 창조 양식의 잠재적이며 지속적인 변화를 더 이상 가능하게 하지 않을 만큼 태도의 변화를 촉진시키는 속도를 가속화한다면, 바로 그때 새롭게 두드러져 보이는 자극과 새롭게 형성되는 단위의 새로운 출발점이 어디에선가 공고화하기 시작한다. 우리는 그러한 경우에 새로운 세대 스타일Generationsstil 또는 새로운 세대 엔텔레키를 언급한다.[93]

여기에는 또한 두 가지 단계가 있다. 먼저 이러한 세대
단위는 그 자신에 의해서 발전된 새로운 자극에 따라 자신
의 작업과 행위들을 단순하게 그리고 무의식적으로 만들
어내며, 그럼으로써 소속감을 직관적으로 이해하기는 하지
만 이런 소속감을 세대단위로 의식 속에서 받아들이지 못
한다. 그러나 그다음 단계는 세대단위 그 자체가 의식적으
로 평가되고 보존되는 경우다. 이는 가장 새로운 발전 단계
에 있는 현대 독일 청년운동 또는 벌써 어느 정도 현대적
인 특징을 보여주었던 19세기 초중반의 대학생 학우회 운
동Burschenschaftbewegung[94]에서 볼 수 있었던 것들이다.[95]

사회 역동성의 가속화가 하나의 세대위치에 잠복된 잠재
성의 능동화, 새로운 세대 자극을 창조한다는 것은 다음과
같은 사실을 입증한다. 즉 대체로 농민처럼 정적이거나 아주
느리게 변화하는 공동체들은 두드러지게 나타난 전적으로
새로운 엔텔레키에 의해 만들어졌던 세대단위의 현상을 이
해하지 못한다는 점——왜냐하면 새로운 세대들이 명료하
지 않은 점진성과 더불어 천천히 성장하기 때문이다——이
다. 그러한 공동체 안에는 기껏해야 순수하게 생물학적인 연
령 단계의 현상을 창조한 유사성과 차이가 있을 뿐이다. 이
현상은 현대 사회에서 생물학적인 사실로 남아 있으며, 청년
이 청년에게 그리고 나이 든 사람이 비슷한 나이의 사람에게
느끼는 매력으로 인지되는 것을 말한다. 그러나 우리가 기술

했듯이 세대단위라는 세대현상은 동일 연령 집단의 구성원들 사이의 생물학적인 단순한 끌림의 현상에서는 결코 발생하지 않는다.

사회적-정신적 역동성의 속도가 빠르면 빠를수록, 특수한 세대위치들이 자신들의 새로운 세대위치에 근거하여 그들 자신의 고유한 '엔텔레키'를 가지고 변화에 반응할 기회들이 훨씬 더 많아진다. 반면 속도가 너무 빠르면 세대 엔텔레키의 맹아들이 서로 파괴되는 방향으로 나아갈 수 있다. 더불어 사는 우리는 다음과 같은 것을 아주 주의 깊게 고찰할 수 있다. 요컨대 다양한 연령 집단들이 그 반응 방법에서 순서대로 나오며 동시에 나타난다는 것[96], 하지만 그 다양한 연령 집단들이 도드라지게 유익하며 적절한 새로운 세대 엔텔레키와 형성 원리에 도달할 수 있는 것은 아니라는 점이다. 독자적인 엔텔레키의 생산에 실패한 그러한 세대들은 기회가 주어진다면 만족스러운 형태를 달성할 수 있었던 이전 세대에 기생하거나 새로운 형태를 발전시키는 것이 가능한 더 어린 세대에 빌붙는 경향이 있다.

아주 결정적인 영향력을 발휘하는 집단 경험들은 이런 방식으로 '결정적으로' 작동하며, 완성된 것이 잠재성, 자유롭게 유동하는 것을 항상 끌어들인다는 것은 정신적인 생활에서 특징적인 것이라고 할 수 있다. 사뭇 다르기는 하지만 그 불확실한 형상에서 아직 형성되지 못한 자극들이 끌어들이는 중심으로서 존재한다 할지라도 이 특징은 여전히 작동한다. 따라서 이전 또는 이후 세대의 자극들과 움직임들은 자신과 다른 세대의 각인된 형태의 존재에 의해 은폐될 수 있다.[97]

이러한 모든 사실에서 다음과 같은 점이 나타난다. 각 세대위치는 그들만의 고유한 형성이나 형성 경향과 반드시 일치하지 않는다는 점, 본질적으로 생물학적 리듬에 따라 창조된 위치들은 자신들과 상응하는 새로운 세대 욕구와 형성 원리의 리듬과 결코 일치하지 않는다는 점이다. 그러나 대부분의 중심적인 세대 이론들은 자연적으로 계량화가 가능한 결정적인 탄생 연령층들의 리듬──이들은 대개 30년 간격으로 결정되어 있다──과 정신적인 것에 상응하는 리듬을 아무런 매개 없이 나란히 놓곤 한다. 따라서 여기에서는 세대위치에 잠복해 있는 잠재성들의 능동화가 생물학 외적인 요소들과 생물 외적인 요소들, 무엇보다도 그 당시 특수한 종류의 사회적 역동성에 달려 있다는 사실이 간과된다.

일반적으로 하나의 새로운 세대 스타일이 해마다, 30년마다, 100년마다 나타날 것인지 아닌지, 또는 주기적으로 출현할 것인지 아닌지는 전적으로 사회적-정신적 과정의 촉발력에 달려 있다. 여기에서 이러한 사회적 역동성이 자신의 지배적인 특징을 주로 경제 영역의 작인들 속에서 작동할 것인지 아니면 그 밖의 또 다른 정신 영역의 작인들 속에서 작동할 것인지는 특수하게 검토되어야만 할 문제다. 사람들이 이 문제에 개별적으로 어떻게 답변해야 할 것인지는 우리의 맥락에서 중요하지 않다. 우리가 정작 염두에 두어야 할 점은 다음과 같은 것이다. 즉 활동의 요소로서 이러한 집단이 〔사회적 영향력을〕 형성하는 단위로 점차 커나갈 수 있는 것인지 아니면 이 집단이 잠재적인 것으로 남아 있어야만 하는 것인지 여기서 결정해야만 한다.

세대변화의 생물학적 소여성Gegebenheit은 세대 엔텔레키들이 출현할 수 있는 가능성을 제공할 뿐이다. 따라서 세대 변화가 존재하지 않는다면 우리는 세대 스타일들의 현상을 결코 인지하지 못할 것이다. 그러나 어느 세대위치들이 그들에게 내재된 잠재성들을 실현할 것인가의 문제는 사회적-문화적 구조의 수준, 따라서 자연주의적 문제 제기와 그다음 즉시 가장 극단적이고 영적인 것으로 변화한 문제 제기를 뛰어넘는 수준에 따라 결정된다.

세대위치, 실제 세대, 세대단위 사이에 존재하는 차이에 관한 형식사회학적 설명은 중요할 뿐만 아니라 문제의 공고화를 위해서도 불가피하다. 왜냐하면 우리는 이런 것들의 도움을 받지 않고서는 이 분야에 퍼져 있는 관계들을 더 파악할 수 없기 때문이다. 우리가 더 구분하지 않고 '세대들'을 단순하게 언급한다면, 위험천만하게도 우리는 순수하게 생물학적인 현상들과 사회적-정신적 힘들의 산물인 현상들을 뒤섞을 것이며, 그렇게 함으로써 일종의 '연대표 사회학 Geschichtstabellensoziologie'——필수적인 역사적 시점에 대한 조감도에 근거하여 철저하게 역사의 단편적 조립의 새로운 정신적 세대조류를 발견하려는 방법을 말한다——에 도달한다.

100년 안에 주어진 상황에 따라 3, 4, 5 정도의 정신적인 세대들이 존재할 수 있는 가능성을 언급했던 쿠머Kummer는 이와 같은 판단에서 자유롭다.[98] 사람들이 전체 문제의 본질을 숫자리듬Zahlenrhythmik에서 찾는 것이 아니라 생물학적 소여성을 가장 근저에 있는 작동 요소로 고찰하지만, 바로 그 때문에 이 생물학적 소여성을 그 작용에서 직접 관찰하는 것이 아니라 사회정신적인sozialgeistigen 작동 요소 속에서 관찰하려고 노력한다고 가정해보자. 그러면 우리는 생물학적 소여성의 의미를 무시하지 않고서도 전체 문제를 다룰 수 있는 필수적인 토대를 이와 같이 직관적으로 올바른 관점에 제공하며 제시한다고 확신할 수 있다.

실제로 이것은 가장 기본적이며 가장 생물학적인 작동 요소들이 가장 잠재적인 형태로 작동하고, 생물학적인 요소들 위에 놓인 사회적 현상들과 역사적 현상들의 요소들 속에서만 파악될 수 있는 역사 과정의 가장 고유한 성질이라는 점을 드러낸다. 실제로 이것은 다음과 같은 것을 나타낸다. 세대 문제의 연구자가 우선 역사적 역동성에 귀속된 모든 변화들을 제거한다면, 세대요소에 귀속된 변이들도 파악할 수 있는 것이다. 이러한 '매개 영역'을 간과한다면, 사람들은 이른바 '환경적 영향'과 '시대적 상황'에 귀속된 모든 요소들을 직접 자연적 요소들(세대, 인종 또는 지리학적 상황 등)에 귀속시키고 싶어 할 것이다.

이와 같은 자연주의적 접근법에는 결점이 있다. 그 결점은 이 접근법이 인간 생활에서 자연적인 요소들의 역할을 강조한다는 점에 있는 것이 아니라, 이와 같은 불변적인 것들에 근거하여 역동적인 것을 직접 설명하려는 시도, 따라서 역동성이 실제 출현하는 그와 같은 매개 영역을 확실히 무시하거나 억압하려는 데에 있다.

역동적인 요소들은 불변적인 것들의 토대 위에서——인류학적인, 지리학적인 등등의 소여성의 토대 위에서——작동하지만, 역동적인 것들은 불변적인 것들에 내재된 또 다른 가능성들을 '만들어내며' 형성한다. 우리가 불변적인 것들을 실제로 파악하고자 한다면, 우리는 그 요소들을 형성시켰던 이와 같은 멱급수冪級數[99]의 요소들 속에서 찾아내야만 한다. 세대들의 계승을 포함하여 자연적 요소들은 역사사회적 과정의 가장 근본적인 범주를 제공한다. 그러나 확실히 자연적 요소들은 불변적인 것들이며, 따라서 자연적 요소 그 자체는 어떤 상황에서도 항상 현존하기 때문에, 그 당시 특수성에 따라 나타난 변화는 자연적 요소들에 근거해서는 설명될 수 없다.

우리가 이와 같은 사회적-정신적 힘들의 형성층을 충분히 날카롭게 파악한다면, 그때마다 변하는 관계(그들의 현존재가 끊임없이 다른 형태로 만들어지는 방법과 방식)가 명료하게 드러 날 수 있다.

7. 역사 속의 또 다른 형성 요소들과의 관계에서 본 세대[100]

세대 이론의 중요성은 인류의 역사 과정에서 이와 같이 의 심할 여지없이 중요한 요소에 대한 이론적 관심이 생생히 유 지되고 있다는 점에서 잘 드러난다. 그러나 그 일면성——이 제 이것을 사람들이 파악했다고 말할 수 있다——은 이와 같 은 한 가지 요소, 즉 발견자의 즐거움이 항상 수반될 뿐만 아 니라 그 자체가 용서받을 수도 있는 일면성에 근거해 역사의 과정에서 전체적인 역동성을 설명하려는 시도에 있다. 최근 지나칠 정도로 넘쳐나는 역사에 관한 수많은 이론들이 바로 이와 같은 일면성을 끊임없이 보여준다. 이런 이론들은 모두 역사 과정에서 한 가지 요소를 역사 발전의 담지적인 요소로 가설화한다.

인종 이론, 세대론, 경제적 결정주의, 민족정신 등의 이러 한 모든 이론들은 이와 같은 편파성 때문에 퇴색되고 있다.

그러나 이러한 이론들은 최소한 한 가지 요소를 날카롭게 조명하고, 나아가 역사를 형성하는 구조적 요소들에 대한 관심을 생생하게 유지했다는 평가를 받아야만 한다. 이 점에서 그런 이론들의 장점은 단 한 번뿐인 인과적 착종 또는 단 한 번뿐인 사건에 근거한 역사 기술, 다시 말하면 구조적으로 작동하는 요소들에 대한 관심을 배제하고 은폐하며, 그 때문에 점차 역사에서는 일회성들Einmaligkeiten만이 중요하므로 역사에서는 배울 수 있는 것이 아무것도 없다는 관점에 도달해야만 했던 그런 역사 기술과 대립된다는 점에 있다. 역사에 관해 곰곰이 생각하고 있다고 믿으며, 또한 근접한 사람들의 일상생활에서 모든 새로운 출발점 또는 걸출한 인물이 이미 제공된——비록 끊임없는 변화 속에 놓여 있음에도——구조적 기술 영역의 요소 속에서 활동하고 있다고 여기는 사람이라면 이와 같은 역사학이 허황되다는 것을 당연히 깨닫게 된다.

우리가 역사적 역동성historische Dynamik을 그 구조에서 생생하게 그려내고, 또한 그러는 동안 모든 것을 단 한 가지 요소 탓으로 돌리지 않는다면, 구조적인 작동 요소의 질서가 모든 시간에 해당되는가 아니면 특정 시간에만 고정될 수 있을 가능성이 있는가라는 질문을 던져야 한다. 왜냐하면 다양한 사회적 요소들 또는 역사를 형성시켰던 그 밖의 또 다른 요소들(경제·권력·인종 등)의 중요성이 언제나 당연히 동등하다고 가정될 수 없기 때문이다. 여기서 이러한 전체 문제를 해결하려고 시도할 수는 없다. 여기서는 우리의 관심을 끌고 몰두하게 했던 세대 문제를 그 외의 역사 형성적 요소들과의 관계 속에서 다소 깊이 해명하는 것이 중요하다.

페터슨Peterson은 대부분의 세대 이론들의 특징이었던 역사적 일원론에서 벗어났다는 점에서 장점이 있다. 그는 낭만주의를 구체적으로 다루면서 세대 문제를 다른 역사적 요소들(인종·지역·민족정신·시대정신·사회 등)과 연계해서 설명하려고 시도했다.

그러나 일원론적인 이론과의 이 같은 단절은 환영할 만하지만, 우리는 이러한 요소들의 단순 병렬(분명하게 말하면 이것은 다만 단순한 특징일 뿐이다)에 동의할 수 없다. 더구나 사회학자라면 여전히 최소한 지금과 같은 그런 형태로 사회적 요소를 취급하는 데 만족할 수 없다.

사람들이 '시대정신'을 언급했다면, 예컨대 사람들은 그 외의 다른 요소들에서 볼 수 있던 것과 마찬가지로 당시의 '시대정신'이 전前 시대의 정신이 아니라는 것을 깨달아야만 한다. 그러나 사람들이 그와 같은 것[101]으로 간주하고 거론한 것은 특정한 시기에 특별한 중요성을 획득한 (동질적이거나 이질적인) 사회 집단 내에서 그 자리를 차지하며, 따라서 그 밖의 다른 조류潮流를 파괴하거나 흡수하지 않고서도 그 조류들에 자신의 정신적인 흔적을 각인시키는 것이 가능하다.

시대정신 개념의 해체는 핀더가 행했던 것과 다른 측면에서 시도되어야만 한다. 핀더의 경우 시대정신 구조의 통일성은 세대 엔텔레키들의 실재성을 위해서 해체되었다. 핀더에 따르면 시대정신은 결코 단일하지 않다. 왜냐하면 그에 상응하는 실제적이며 단일한 어떤 엔텔레키도 존재하지 않기 때문이다. 우리도 어떤 엔텔레키에 그러한 시대정신 엔텔레키와 그 내부에서 솟아나오는 한 시대의 정신의 통일성을 부여하는 것을 부정한다. 그러나 이러한 상대화는 우선 곧장 시대의 통일성을 위해서 긴장 관계에 있는 양극의 조류 엔텔레키들Strömungsentelechien 속에서 완성된다.[102]

따라서 19세기에는 어떤 단일한 시대정신이 없었지만, 이러한 통일성은 본질적으로 상호 적대적인 보수주의적-전통적 자극들과 자유주의적 자극들, 나중에 추가되는 프롤레타리아적-사회주의적 자극들의 산물(우리가 이것을 정치적인 것의 영역에서 주의 깊게 고찰한다면)[103]이다.

우리는 핀더와 같은 해체 방법을 따르지 않을 것이다. 핀더는 시간적 통일성 속에서 본질적으로 그 밖의 엔텔레키들의 그 당시 우연한 교차에 관심을 기울이는 경향이 있었다. (임시변화 화음Scheinakkord!) 우리가 시대정신을 역동적-이율배반적인 의미에서 고찰한다면, 시대정신(이러한 개념은 앞에서 말한 것에 상응한 구조로서 하나의 의미가 있다)은 통일적 실체다.

사람들이 역동적-이율배반적 통일성을 동일한 운명과 그

운명에 속한 사회적-정신적 문제들의 극복을 위한 다양한 시도로 파악한다면[104], 역동적-이율배반적 통일성은 한 시대 안에 존재하는 양극적인 정반대 진영들이 항상 서로에게 다가가고 있으며 그리고 다양한 입장들이 실제로 이해될 수 있다는 사실에 있다. 따라서 여기에서는 시간상으로 공존하는 엔텔레키들의 우연적인 일치(핀더의 경우)가 중요한 것도 아니며, 그러나 또한 그 외의 어떤 것으로서 자명하게 새로운 것에 속하는 독립적인 엔텔레키(통일된 의도의 중심, 또는 페터슨에 따르면 형성적 원리)가 중요한 것도 아니며, 제3의 것, 즉 역동적인 긴장 관계, 다시 말하면 이와 같은 그 속성에서 그 자체로 파악될 수 있기는 하지만 결코 실제화하지 않는 어떤 것이 중요하다.

진정한 엔텔레키들은 주로 우리가 언급한 조류들을 제시한다. 기본적으로 사회적 구조를 토대로 잘 설명될 수 있는 이와 같은 각각의 양극성은 세대변화를 넘어 지속적인(비록 끊임없이 변화하고 있지만) 형성 원리로서 사회적 영역 내에 존재하는 특수한 기본 의도들에서 형성된다. 효력을 얻게 된 새로운 세대 엔텔리키들은 이와 같이 포괄적으로 작동하는 조류들의 엔텔레키들에 자기들 세대의 엔텔레키를 덧붙이고, 그럼으로써 아마도 때에 따라 자유주의적, 보수주의적 또는 사회주의적 엔텔레키들을 변화시킨다.

따라서 사람들은 다음과 같이 말할 수 있다. 세대단위들은 완성된 형상이 결코 아니며, 그것들은 때에 따라 고유한 엔텔레키를 발산한다. 그러나 이러한 엔텔레키는 그 자체로 파악될 수 없으며, 이와 같은 조류 엔텔레키들의 범주 내에서만 파악될 수 있다. 조류 엔텔레키는 세대 엔텔레키보다 앞서며, 세대 엔텔레키는 조류 엔텔레키 안에서만 타당성을 얻고 드러나게 된다. 하지만 그렇다고 해서 주어진 시점에서 갈등하고 있는 모든 조류 엔텔레키들이 반드시 새로운 세대 엔텔레키들을 발생시킬 것이라는 점을 뜻하지는 않는다.

예를 들면 19세기 초 독일 내에 낭만주의적-보수주의적 세대가 존재하며[105], 그 후 이 세대가 자유주의적-합리주의적 세대(청년 독일das junge Deutschland 등등)에 의해서 계승된다고 가정하는 것은 아주 잘못된 것이다. 좀 더 정확하게 말한다면 19세기 초 낭만주의적-보수주의적인 극단적 경험에 뿌리를 두고 있는 청년들이 새로운 세대 엔텔레키들을 낳는 것이 가능했다고 말해야 한다. 낭만주의적-보수주의적 청년 세대만이 그 시대의 기본 정서에 광범위하게 흔적을 남기는 것이 가능했다. 30년 동안 발생했던 것은 갑자기 다시 자유주의적-합리주의적인 '새로운 세대'가 출현했던 것이 아니라, 자유주의적-합리주의적인 노선을 따랐던 청년들이 자기들 배후에 있는 전통을 세대에 적합하도록 새롭게 형성하는 것이 가능해졌다는 점이다. 의심할 여지 없이 기본적인 양극화가 그 시대에 지속적으로 있었으며, 모든 조류들에는 고유한 청년세대가 있었다. 세대 자극의 창조적인 형성 가능성은 처음에는 낭만적-보수주의적 진영에서, 나중에는 자유주의적-합리주의적 진영에서 출현했다.

사람들이 페터슨이 행했던 것처럼 주도적 세대유형, 선회적 세대유형, 피억압 세대유형[106]에 관해 말한다면, 이것이 올바르고 아주 중요하긴 하지만, 불충분한 사회학적 구분에 의거해 최종적으로 좀 더 정확하게 규정된 것이라고 할 수 없다.

페터슨의 저작에서는 초시간적인 인물 유형들과 '시대정신'(후자는 페터슨의 저작에서 아주 중요한 것으로 나타난다)이 직접 겹쳐서 작용하고 있다. 이는 이러한 두 가지 요소가 역사 속에서 투쟁하며, 개별적인 개인들의 운명이 이와 같은 두 가지 요소들의 대립적인 관철의 속성에 따라 규정되는 것과 마찬가지다.

우리는 이제 페터슨을 따라 정서적인 유형으로, 그가 특히 '낭만주의적 성향으로' 고찰한 인물을 파악해보자. 나아가 우리가 이 사람을 낭만주의적인 시대정신의 시대에 살아간다고 가정하면, 이런 상황의 조우 덕분에 해당 개인의 낭만주의적 성향들의 고양이 이루어진다. 그럼으로써 이러한 사람은 이러한 시대에 '지도적 세대유형'이 된다.

이와 반대로 낭만적인 성향들과 합리적인 성향들이 서로 균형을 이루고 있는 또 다른 개인은 낭만주의 시대에 낭만주의 진영에 포섭될 수 있다. 따라서 이 사람은 페터슨의 '선회적 유형'이 될 것이다.

마지막으로 본성상 합리주의적 성향을 띠는 제3의 개인을 떠올려보면, 이와 같은 사람은 낭만주의 시대에 '피억압 유형'이 될 것이다. 그에게는 아래와 같은 것 말고는 다른 어떤 대안도 주어져 있지 않다. 자신의 성향과 반대로 '시대정신'에 굴복하여 아무런 결실도 낳을 수 없는 상태에 이르는 한물간 사람이 되거나, 아니면 그가 고유한 토대에 근거해 완강하게 저항한다면 낭만주의 시대의 외톨토리가 될 것이다. 이 외톨토리는 과거의 후예이거나 미래 세대의 선구자에 속할 것이다.

'정서적 성향'과 '낭만적 성향' 등에 관한 다소 도식적인 동일시를 제외한다면, 사람들을 주도적 · 선회적 · 피억압 유형으로 구분한 것은 다소 올바르다. 초사회적 영역 안에 존재하는 초시간적인 개인적 성향들과 획일적으로 통일된 '시대정신'(실제로 그러한 것은 존재하지 않기 때문이다)이 서로 겹쳐져서 만들어지는 경우는 거의 없다. 그러나 개별 개인은 주로 사회학적으로 고려되는 사회적 생활 범주에 친숙한 동시대의 정신적 영향들과 조류들에 의해 형성된다. 즉 그는 무엇보다 '시대정신' 전체에 의해서 결코 영향을 받거나 매료되는 것이 아니라, 전통적으로 그리고 실제로 그 환경 속에 존재하는 그 시대의 조류들에 의해 영향을 받는다고 말할 수 있을 것이다.

그러나 다른 것이 아니라 이와 같이 특수한 조류들이 개인의 생활 범위에 뿌리를 내리고 유지된다는 것은, 본질적으로 이러한 생활상의 위치의 전형적인 기회가 개인의 주위 세계 속에서 그리고 또한 존재하는 바대로 이러한 태도 속에서 그 적절한 표현을 발견한다는 점에 있다. 따라서 개별 개인과 그 개인의 근원적인 성향을 촉진하거나 금지하는 미분화된 단일한 '시대정신'은 결코 존재하지 않는다. 구체적으로 '그 시대의 총체적 정신Gesamtgeiste der Zeit' 속에서 어떤eine 특정한 양극성, 곧 해당 개인의 범주 속에서 표현되곤 하는 양극성이 끊임없이 중요하다. 해당 개인의 타고난 성격적 성향은 무엇보다 이러한 특수한 조류에 몰두하게 된다.

문헌을 연구하는 역사가가 첫째, 대부분의 사람들이 그 시대의 특수한 조류 가운데 하나에 머물러 있다는 사실을 간과하고, 둘째, 그 '시대정신'이 항상 분열된 채로 존재하며, 갑자기 무조건적으로 낭만주의적이지도 않으며 그 후 다시 전적으로 합리주의적이지도 않다는 사실을 간과하는 경향을 띠고 있다고 한다면, 이것은 그가 주로 문헌들의 운명, 따라서 완전하게 특수한 속성을 지닌 층[107]들의 운명에 주의를 기울이고 있다는 사실을 나타낸다.

우리 사회에서 상대적으로 자유롭게 부유하는(또한 명백히 사회학적 특징이었던 것) 식자층은 부유하면서 곧 이런 경향에 끼어들다가 또다시 다른 경향에, 다른 때에는 저런 경향에 참여할 수 있는 가능성을 안고 있다. 19세기 초, 그들은 새로운 세대가 시대 관계에 의해 도움을 받고서 그 정신성에서 곧 감화를 받았던, 즉 그 당시에 맞게 하나의 세대 엔텔레키 형성이 가능했던 조류에 광범위하게 참여했다. 19세기 초 반동의 시기Restaurationsepoche와 독일 부르주아의 사회적·정치적 취약함 덕분에 청년들의 극단적인 낭만적-보수주의적 엔텔레키 형성이 가능했다. 따라서 이 엔텔레키들이 자유롭게 떠도는 상당수 식자층을 끌어들였다. 1830년 이후부터 7월 혁명과 점증하는 산업화가 이를 떠맡은 세대 속에서 자유주의적이며 합리주의적인 새로운 엔텔레키들의 번식 조건을 제공했다. 그러자 다수의 지식인들이 자유주의적-합리주의적 진영에 즉시 결합했다.

사람들이 이와 같은 식자층을 검토함으로써 이러한 발전을 추적해본다면, 어떤 순간에는 전적으로 낭만적인 '시대정신'이며 다른 순간에는 전적으로 합리주의적인 '시대정신'이라는 사실이 나타나고, 나아가 이러한 식자층, 즉 시인들과 사상가들이 그 '시대정신'을 결정한다는 인상을 받게 된다. 결정적으로 그 방향을 규정하는 의지는 식자층, 시인들과 사상가들 속에 있는 것이 아니라 그 자체로 지속적으로 존재하는 양극적 분열 속에서 이러한 지식계급의 배후에 아주 촘촘하게 밀집된 사회적 담지자들 속에 있다.

'시대정신들'에서 개별적인 조류들의 유포에 따라 야기되는 이와 같은 파도 형성은 시대상황Zeitverhältnis에 의해서 곧 이런 극단이 그리고 다음에는 또 다른 극단이 능동적인 청년을 끌어모으는 데 성공하고, 그다음에는 '매개층들', 다시 말하면 아주 특수하긴 하지만 사회적으로 자유롭게 떠돌아다니는 식자층을 휩쓸고 간다는 사실에 의해 이루어진다. 그렇다고 해서 이러한 식자층(가장 강력한 사상가들과 시인들이 속한 사회 집단)의 엄청난 중요성이 과소평가되지는 않는다. 왜냐하면 그들은 사회적 영역에서 방출된 엔텔레키들에 실질적인 깊이와 형식을 부여하기 때문이다. 그러나 사람들이 전적으로 식자층에게만 주의를 기울인다면, 사람들은 정신적인 운동의 이와 같은 조류들의 구조를 완전하게 설명할 수 없다.

일반적인 역사적-사회적 흐름을 고려한다면, 성격상 전적으로 낭만주의적인 시대라든지 전적으로 합리주의적인 시대는 결코 존재하지 않았으며, 이와 같은 양극성은 적어도 19세기 이후에는 명백하게 존재했다. 그러나 사람들은 곧 전자가 지배권을 쥐고 있으며, 다시 곧 후자가 지배권을 쥐고 주도적인 특징이 된다고 말할 수 있다. 사회학적인 용어로 다시 요약한다면, 시대 상황에 따라서 곧 이런 극단과 저런 극단에서 새로운 세대 엔텔레키 형성이 가능해진다는 것, 이와 같은 새로운 엔텔레키가 동요하는 중간층, 그러나 우선 동시대의 식자층을 끊임없이 끌어당긴다는 것을 뜻한다. 그러나 다음과 같은 사실이 발생한다. 사회적으로 확고하게 소속된 인간(그가 어떤 '정신 유형'에 속하든 간에)은 그의 생활 반경 속에서 자신을 압도하고 있는 조류들과 싸워야 하지만, 자유롭게 떠도는 문필가(역시 그가 어떤 정신 유형에 속하든 간에)는 동시대의 주도적인 특징과 싸워야만 한다는 것이다.[108]

개인적인 성향, 자신에게 적합한 사회적인 정신 태도, 해당 시대에 주도적인 특징으로 성장했던 조류 사이의 이 같은 투쟁은 각 개인에게서마다 다른 결과를 낳는다. 다만 아주 강력한 개성적 인간이라면, 고유한 생활 반경 속에 있는 양극단적 정신 태도(전적으로, 특히 이와 같은 것이 상당한 정도로 발전하고 있다면)에 대해 자신의 고유한 인격적 기질을 지키는 것이 가능하다. 비합리적 성향을 지닌 '부르주아적인 자Bürgerlicher'는 1840년대에 '제자리'를 찾기가 쉽지 않았을 것이다. 이는 합리적인 성향들을 띤 청년 귀족들의 경우 새롭게 성장하고 있는 낭만주의와 종교적인 신앙부흥운동에 직면해 자신의 합리적인 생활양식을 지키기가 어려웠던 것과 마찬가지다. 그러한 경우, 대부분 자신의 구시대적 세대 위치에 따라 자기가 속한 생활 범주 내에서 새롭게 성장하고 있는 새로운 세대 엔텔레키에 동화할 수도 없고 동화하려고 하지도 않았던 사람들은 감염력 있는 새로운 세대 엔텔레키에도 잘 견뎌낸다.

새로운 낭만적-경건주의적-종교적 파도는 대부분 합리적 정통주의, 또한 구시대적인 보수주의 형태에서 자라났던 프리드리히 빌헬름 3세[109]와 그의 지지자들에게 아무런 영향도 끼치지 못했다. 이와 반대로 그의 아들 황태자와 훗날 프리드리히 빌헬름 4세[110]는 이러한 조류의 가장 명백한 대표자다. 다른 측면에서 또한 해명해본다면, 사람들이 세대요소들의 작동에 관해 매개를 거치지 않고 곧장 파악할 수 있는 것이 아니라 사회적-역사적 과정들의 요소들 속에서 파악할 수 있다는 것은 이러한 것에서 비롯된다.

세대위치는 언제나 잠재성으로 존재하며 시대정신 일반의 요소들 속에서가 아니라 항상 해당 시대에 존재하는 구체적 경향들 속에서 실현되곤 한다.[111] 세대에 적합한 엔텔레키 형성의 이러한 경향이 조류들의 품속에서 실현될 것인지 아닌지 그리고 어떤 극점에서 여기에 도달할 것인지 아닌지는 우리가 보아온 대로 역사적인 운명들에 달려 있다.

세대 문제 그 자체를 충분하게 복잡하게 만든 이와 같은 요소들에 우리가 아직 고찰하지 못한 한 가지 요소를 추가해야 한다.

우리는 특히 새롭게 발생한 세대 엔텔레키가 정신적인 것의 모든 영역에서, 모든 범주에서 이러한 가능성의 길을 뚫어야만 한다는 사실을 아직 검토하지 않았다. 정신적인 것의 개별 영역은 때에 따라 새로운 엔텔레키들의 출현을 촉진할 수도 있고 가로막을 수도 있다. 사람들은 세대 엔텔레키에 대해 개별 영역이 지닌 자료적 의미에 따라 개별 영역들의 등

급을 말할 수 있다.

따라서 예를 들면 세계관Weltanschauung의 연관성이 극히 적은 정확한 과학은 세대 엔텔레키를 광범위하게 은폐한다는 것을 명확히 파악할 수 있다.

'시민화의 영역Zivilisationssphäre'[112] 일반은 그 영역의 단선적인 발전 구조에 의해 문화의 영역보다 그들 배후에 있는 의지적이며 경험적인 변화들을 은폐한다. 핀더가 이러한 영역 내에서 언어학적 표현들(종교·철학·시·문학)에 조형예술과 음악과는 다른 역할을 부여했다면, 이러한 점에서 그는 확실히 옳았다.[113]

또한 사람들은 여기서 더욱 엄밀하게 구분하고서, 또한 다양한 조류 자극과 세대 자극 그리고 형성 원리들이 특정한 장르에 대해 어느 정도의 유사성이 있을지, 이러한 것들이 자신을 위해서 특정한 '장르'를 형성하지 못할 것인지 아닌지의 질문을 던져야 한다. 그리하여 낭만주의 세대는 3월혁명 이전의 자유주의 세대와는 전혀 다른 장르를 형성하고 발전시켜왔다.

사람들은 또한 공동생활의 사회적 형식에 관해 기록한 힘을 고려해야만 한다. 여기에는 또한 곧 이런저런 조류 의도와 세대의도에 적합한 모임의 다양한 형식이 존재한다. 멘트레는 이미 성문 규칙들에 근거하여 세심하게 조직된 결사가 덜 형식적인 조직들(예를 들면 문자 그대로 살롱들)보다 새로

운 세대 자극들의 영향을 덜 받는다는 사실을 보여주었다.[114]

따라서 사회적 그리고 역사적 요소들이 세대 엔텔레키의 출현을 저지하거나 촉진할 수 있는 것과 마찬가지로 세대 엔텔레키가 일찍이 표현될 수 있는 '영역들'이 사전에 명료하게 결정될 수 없다는 결론이 나온다. 다른 관점에서 이러한 모든 것을 고려한다면, 자연법칙적인 규칙성과 더불어 작동하고 존재하는 세대요소는 정신적-사회적 수준에서 가장 정의하기 어렵고 간접적이라는 것을 알 수 있다.

세대들의 현상은 역사적 역동성의 실현에서 기본적인 요소들 가운데 하나다. 이러한 맥락에서 힘들의 상호작용에 관한 분석은 본질적으로 아주 큰 임무로, 이 임무가 없다면 역사 발전의 본성이 적절히 이해될 수 없다. 그 문제는 그 모든 구성요소들을 엄격하고 주의 깊게 분석하는 토대 위에서만 해결될 수 있다.

세대현상들에 관한 형식사회학적 분석은 세대현상들이 이런 여러 요소들을 토대로 설명될 수 있는 것과 이런 것들을 토대로 직접 파악할 수 없는 것을 형식사회학적 분석으로부터 가능한 한 많이 배울 수 있는 범위 내에서 도움이 될 수 있다.

1   Agathon, *Les jeunes gens d'aujourd'hui*(Paris: Plon Nourrit&Co, 1912).

2   Ageorges, *La Marche montante d'une génération(1890~1910)*(1912).

3   Bainville, *Historie de trois générations*.

4   Brinckmann, A. E., *Spätwerke großer Meister*(Frankfurt, 1925).

5   Boll, F., *Die Lebensalter. Ein Beitrag zur antiken Ethologie und zur Geschichte der Zahhlen*(Berlin, 1913).

6   Cournot, *Considérations*(1872).

7   Curtius, E. R., *Die literarischen Wegbereiter des neuen Frankreich* (Potsdam).

8   Dilthey, *Über das Studium der Geschichte der Wissenschaften vom Menschen, der Gesellschaft und dem Staat*(1875). Abgedr. Ges. Schr. Bd. V., 36~41쪽(Abgekürzt: Dilthey).

9   Derselbe, *Leben Schleiermachers*, Bd. I, 2. Aufl.(Berlin, Leipzig, 1922).

10 Dromel, Justin, *La loi des révolutions, les générations, les nationalités, les dynasties, les religions*(Didier & Co., 1862).

11 Ferrari, G., *Teoria dei periodi politici*(Milano: Hoepli, 1874).

12 Heidegger, "Sein und Zeit", *Jahrb. f. Philosophie u. phänomenologische Forschg.*, Bd. VIII(Halle a.d.S., 1927, 384쪽 이하).

13   Herbst, F., *Ideale und Irrtümer des akademischen Lebens in unserer Zeit*(Stuttgart, 1823).

14   Honigsheim, P., "Die Pubertät", *Kölner Vierteljahrshefte für Soziologie*, Jahrg. III(1924, Heft 4).

15   Grimm, Jakob, *Über das Alter*(Reclams Universal-Bibl. No. 5311).

15a Geise, "Erlebnisform des Alterns", *Deutsche Psychologie*, 5(2)(Halle, 1928).

16   Joel, K., "Der säkulare Rhythmus der Geschichte", Jharg. f. Soziologie, Bd. I(Karlsruhe, 1925).

16a Korschelt, E., Lebensdauer, Altern und Tod, 3. Aufl., 1924. (Bibliogr.)

17   Kummer, F., *Deutsche Literaturgeschichte des 19. Jahrhunderts. Dargestellt nach Generationen*(Dresden, 1900).

17a Landsberger, Franz, "Das Generationsproblem in der Kunstgeschichte", *Kritische Berichte*(Jahrg. 1927, Heft 2).

18   Lorenz, O., *Die Geschichtewissenschaft in Hauptrichtungen und Aufgaben kritisch erörtert*, Teil I(Berlin, 1886); Teil II(1891).

19   Mentré, F., *Les générations sociales*, Ed. Bossard(Paris, 1920).

20   Nohl, H., "Das Verhältnis der Generationen in der Pädagogik", *Die Tat*(Monatsschrift, Mai 1914).

21   Ortega I. Gasset, *Die Aufgabe unserer Zeit*, Introd., by E. R. Curtius (Zürich, 1928). Verl., d. Neuen Schweizer Rundschau (Kap. I, "Der Begriff der Generation").

22   Petersen, J., *Die Wesensbestimmung der Romantik*(Kap. 6, "Generation")(Leipzig, 1925).

23   Pinder, *Kunstgeschichte nach Generationen, Zwischen Philosophie und Kunst*, Johann Volkelt zum 100. Lehresmester dargebracht(Leipzig,

1926).

24   Derselbe, *Das Ploblem der Generation in der Kunstgeschichte Europas* (Berlin, 1926)(Abgekürzt: Pinder).

25   Platz, R., *Geistige Kämpfe in modernen Frankreich*(Kempten, 1922).

26   Rümelin, "Über den Begriff und die Dauer einer Generation", *Reden und Aufsätze* I(Tübingen, 1875).

27   Schurtz, H., *Altersklassen und Männerbünde, Eine Darstellung der Grundformen der Gesellschaft*(Berlin, 1902).

28   Spranger, *Psychologie des Jugendalters*(Leipzig, 1925).

29   Scherer, W., *Geschichte der deutschen Literatur*, 3. Aufl.(Berlin, 1885).

30   Valois, G., *D'un siècle à l'autre. Chronique d'une génération*(1855~1920), Nouvelle libraire nationale(Paris, 1921).

31   von Weise, L., *Allgemeine Soziologie als Lehre von den Beziegungsgebilden*, Teil I. Beziehungslehre(München and Leipzig, 1924).

32   Derselbe, "Väter und Söhne", *Der Neue Strom*, Jahrg. I, Heft 3.

33   Zeuthen, H. G., "Quelques traits de la propagation de la science de génération en génération", *Rivista di Scienza*(1909).

운동론의 관점에서
본 세대론

1. 세대 이해의 단초

(1) 만하임의 세대 연구 계기

사회과학자는 현재 당면한 문제를 고민하고, 시간적으로는 역사를 또는 공간적으로는 유사 사례를 재해석하며, 현재와 과거의 문제 그리고 유사 사례를 일반화하여 보편적으로 적용할 수 있는 이론 틀을 만드는 자라고 할 수 있다. 지금 당면해 있는 문제와 대화하지 않는 학자는 현실을 외면한 채 과거와 유사 사례와 문헌의 자구字句에만 매달리는 문자형 연구자로 전락할 가능성이 높다. 과거와 유사 사례를 탐구하지 않는 학자는 현재를 연구과제의 전체로 알고 섣부른 결론을 내리는 도취형 연구자이자, 이를 바탕으로 현실에 적극 참여하는 정치형 학자로 등극할 가능성이 높다. 보편적으로 적용할 수 있는 이론을 만들었다고 해서 주어진 모든 문제에 적용될 수 있다고 주장하는 학자는 아집형 학자가 될 것이다. 반면 사회과학자 자신이 만든 이론이 극히 부분적·선택적으로만 적용할 수 있는 것이라면, 그는 학자로서의 자질이 부족하다 할 것이다.

만하임[115]은 분명 사회과학자다. 그는 문자형도, 도취형도, 정치형도, 아집형도 아닌 연구자다. 만하임은 세대를 본격적이고 체계적으로 연구한 사회과학자다. 그는 '세대'를 연구하기 위해 현재 벌어지는 당면 문제를 고민했으며, 역사와 현재의 유사 사례를 검토했으며, 이를 바탕으로 시간적으로나 공간적으로 보편적으로 적용할 수 있는 이론 틀을 만들었다. 그는 세대와 관련해 전 역사에 걸쳐서, 전 지구적으로 일어나는 세대 문제를 이해할 수 있는 이론적인 틀을 제시했다.

그런데 만하임은 왜 '세대'를 연구했는가? 만하임 스스로 이야기한 바도 거의 없고, 이것을 다룬 연구도 거의 없다. 그러나 이 질문을 던지지 않고 만하임의 세대론을 이야기하는 것은 만하임의 세대론에 담긴 진정한 의의를 되새기지 못하는 결과를 낳을 수 있다. 왜냐하면 만하임이 세대를 연구한 시대적인 배경을 이해하지 않고서는 그가 주장한 내용을 이해하기가 쉽지 않기 때문이다. 만하임이 〈세대 문제〉를 집필하게 된 배경을 그의 생애를 바탕으로 그리고 그의 글에서 나타난 극히 부분적인 내용을 바탕으로 추론하여 역추적해보자.

우선 만하임이 이 글을 집필할 때까지의 시대적인 배경

을 보자. 그는 1893년에 태어났으며, 에세이 〈세대 문제〉는 1928~1929년에 집필했다.[116] 그러므로 만하임이 이 에세이를 쓴 시기는 대략 35~36세였을 것이다.

그 나이까지 살아오면서 만하임이 세대와 관련하여 가장 많이 고민한 것은 무엇일까? 역사적 정황으로 볼 때 비스마르크 체제 아래의 청년세대와 1830년대의 독일 자유주의 운동의 세대에 관한 문제일 것이다. 비스마르크 체제에서 성장한 청년들은 독일의 통일을 목격했고, 그 후 '대학생 학우회'의 대다수 청년들은 반유대주의와 범게르만주의에 찬성하는 새로운 형태의 호전적인 민족주의를 채택하고 있었다. 반면 1830년대 독일 자유주의 운동을 경험한 청년들은 여전히 자유주의 지향성을 띠고 있었다.

> 최근의 경험을 돌아보면, 옛 자유주의 세대가 청년들 중의 어떤 파들보다(예를 들면 대학생 학우회Burschenschaft) 정치적으로 훨씬 더 진보적이라는 사실이 드러났다.[117]

그렇다면 만하임은 여기서 청년이 기성세대보다 항상 진보적인가에 대해 근본적으로 회의하는 입장이었다고 볼 수 있다. 만하임이 보기에 나이 든 자유주의 세대가 비스마르크 체제 아래의 청년세대보다 더 진보적이기 때문이다. 만하임은 이것이 세대 연구에 절대적인 전환점이 될 수 있는 선언을 한다.

대부분의 세대 연구자들이 무비판적으로 공유하고 있는 일반적인 가정,
즉 청년세대는 진보적이며 구세대는 **그 자체로**eo ipso 보수적이라는 가
정만큼이나 허구적인 것은 없다.118

만하임은 대부분의 세대 연구자들과 대부분의 평범한 사
람들이 가정하고 있는 구세대＝보수, 청년세대＝진보라는 도
식에 의문을 품는다. 그러므로 세대에 관한 이와 같은 근본
의문이 그를 세대 연구로 발길을 돌리게 했다고 추측할 수
있을 것이다.

둘째, 35～36세 무렵 만하임이 세대와 관련해 고민한 것은
무엇일까?

아마도 각종 이데올로기 운동일 것이다. 1905년과 1917년
러시아에서 사회주의 혁명이 일어나고, 이에 대한 반발로 극
단적인 보수적인 운동, 자유주의 운동, 무정부주의 운동 등
다양한 이데올로기 운동이 발생했다. 물론 이러한 여러 이데
올로기 운동의 주체는 당연히 청년들이었다.

여기서 또 하나의 당연한 질문이 제기된다. 동일 시대, 동
일 국가에 사는 동일 세대의 청년 가운데 일부는 보수적인
목소리를 내는 반면 다른 일부는 진보적인 또는 혁명적인 목
소리를 낸다면, 그들은 동일 세대인가 아닌가? 이 같은 역사

적 현실에 직면한 만하임은 세대 연구의 일반적이고 보편적인 가정, 동일 세대는 동일 목소리를 낸다는 가정에 의문을 품었다고 봐야 한다.

> 낭만주의적이며 보수적인 청년과 자유주의적이며 합리적인 집단이 동일한 실제 세대에 속한다.119

　만하임은 모든 세대 이론이 가정하고 있는 "모든 청년은 같은 소리를 낸다"는 일반적인 명제에 당혹스러웠을 것이다. 그리하여 만하임은 당연히 기존 연구의 명제에 열정적으로 도전한다.

　마지막으로 아버지와 자식의 갈등이 아닌, 아버지 집합과 자식의 집합으로서 세대라는 특수한 현상을 어떻게 이해해야 할 것인가?

　개인은 누구나 합리적으로 생각하고 합리적으로 행동할 여지가 있다. 물론 이것은 근대 이후 이성 시대의 당연한 전제다. 그러나 집합으로서 세대는 개인의 합리적인 생각이나 행동과는 무관하다. 수없이 많은 개인과 개인이 모여서 이루어진 세대는 합리적인 생각과 행동을 전제할 수 없다. 그렇다면 세대를 이해하는 가장 적합한 이론은 무엇인가? 당연히 이성으로 작동될 수 없으며 이성이 절대 침해할 수 없는 또 다른 영역, 집단적인 생각과 행동을 가능하게 하는 영역인 집단적 무의식을 전제해야 한다.

무의식적으로 '압축적인komprimiert', 단지 '함축적인intensiv' 또는 '실
제적인virtuell' 유형들로서, 예를 들면 정신적인 삶의 역사가 모든 과거
경험의 도구의 구체적 형태에서, 특수한 경험 형태(대개 감상)에서 실제
로 드러나는 방법을 고려해보라.120

만하임은 세대 이론을 전개하면서 무의식이 차지하는 내
용을 자세히 언급하지는 않지만, 개인이 아닌 집단으로서 세
대의 사유와 판단 그리고 행동의 근거로서 무의식을 전제하
고 있음을 보여준다.121

만하임의 이런 문제의식은 실증주의적 세대론과 낭만주의
적 세대론을 비판하고, 자신의 사회운동론적 세대론을 가능
하게 했다.

(2) 〈세대 문제〉의 큰 흐름

사회과학자가 연구할 때 해야 할 일은 무엇일까? 만하임
은 두 단계로 밝히고 있다.

첫 단계는 기존 연구를 검토하는 것이다. 이것은 첫째, 어
떤 주제를 다룬 이전 연구의 검토, 둘째, 이에 대한 비판적 평
가로 나뉜다. 이전 연구까지는 개인적인 연구의 내용이고,
비판적 평가는 해당 주제에 대한 글의 내용이 된다. 어떤 주

제에 대해 많이 연구했다 할지라도, 글로 나타내기 위해서는 비판적인 평가가 중요하다는 점을 밝히고 있다.

> 사회학자의 첫째 임무는 다루고자 하는 문제에 대한 탐구가 일반적으로 어떻게 서술되어 있는지 정밀하게 살펴보는 것이다. 사회학자에게 주어진 운명은 탐구 과제 전체를 지속적으로 다룬 연구자가 거의 없는 상태에서 모든 과학들이 번갈아가며 개별적으로 다루었던 난삽한 문제들을 다루는 것이다.122

두 번째 단계는 해당 주제에 대한 비판적 평가를 바탕으로 자신만의 고유한 분석을 제시하는 것이다. 사회과학 연구자는 이전의 연구사를 교조적으로 정리하는 것으로 멈춰서는 안 되고, 자신의 관점에 맞게 검토하고 자기만의 방법을 제공할 필요가 있다.

> 그러나 우리는 예전에 세대 문제를 다루었던 '교조적인 역사'를 단순히 제공하는 것이 아니라, 문제 제기의 '내적 상태innere Lage'를 대략적으로 묘사하고(1장) 이를 바탕으로 세대 문제에 고유한 방식으로 접근(2장)할 것이다.123

만하임은 〈세대 문제〉를 위의 두 생각에 비추어 정리하면서, 먼저 세대에 관한 기존의 연구를 분석하고 그것을 비판적으로 검토한 뒤 자신의 이론을 전개한다. 그는 실증주의적 세대 연구가 질적인 시간을 고려하지 못하고 있다고 비판하며, 낭만주의적 세대 연구는 사회적인 요소를 염두에 두지 않는다고 주장한다. 또한 그는 자신이 사회학자라는 것을 잊지 않는다. 사회적인 요소, 그중에서도 집단에 중심에 두는 세대론을 주장하면서, 세대를 프롤레타리아와 비교해 설명한다.

그는 동일 세대라 할지라도 서로 다른 세대단위가 존재한다고 역설한다. 만하임은 여기서 딜레마에 빠진 듯이 보인다. 동일 세대 안에서 진보적인 세대단위와 보수적인 세대단위가 존재한다면, 하나의 동일한 세대라고 부르기가 쉽지 않기 때문이다. 그는 이런 딜레마를 벗어나기 위해서 동일 세대 내에 서로 다른 단위가 존재한다 해도 동일 세대라고 명명할 수 있는 이유를 밝힌다. 〈세대 문제〉의 내용을 간단하게 요약해서 대략 표로 그리면 다음과 같다.

	원 제목	분석
I. 현재 이 문제 는 어떤 상태 에 있는가	1. 실증주의적 문제 제기	세대에 대한 실증주의의(생물학적) 주장과 한계—질적인 시간 미고려
	2. 낭만주의적-역사주의적 문제 제기	세대에 대한 낭만주의(역사주의)의 주장과 한계—질적인 시간을 고려했 지만 사회적 요소를 배제한 한계
II. 사회학적 관점 에서 본 세대 문제	1. 구체 집단—사회적 위치	세대 문제의 사회학으로의 도입— 집단으로서 세대 고찰
	2. 생물학적 그리고 사회학적 공식 화의 관점에서 본 세대 문제	
	3. 사회적 위치에 '내재된 경향'	계급 지위와 세대위치의 비교 설명
	4. 세대현상 영역에서의 기본적인 사실	생물학적 사실로서 세대를 어떻 게 사회과학에 도입할 것인가— 실증주의적 요소의 사회과학적 입장 으로의 수용
	5. 세대위치, 실제 세대, 세대단위	사회운동론의 관점에 본 세대 문 제—프롤레타리아 운동과 비교 설명
	6. 세대현상에서의 통일 심화적 요소	서로 다른 세대단위에도 불구하고 왜 하나의 세대로 볼 수 있는가—세 대는 왜 세대로 불릴 수 있는가
	7. 역사 속의 또 다른 형성 요소들 과의 관계에서 본 세대124	세대현상의 연구에서 고려해야 할 다양한 요소들에 관한 탐구

2. 기존 이론에 대한 만하임의 비판 근거

(1) 청년의 진보성

만하임이 가장 먼저 비판한 것은 실증주의적 세대론이다. 실증주의적 세대론은 우리의 일상적인 생각 속에 깊이 뿌리 내리고 있다. 예를 들어 생각해보자.

첫째, '부모들은 항상 보수세력'[125]인 반면, '청년은 항상 진보세력'일 것이다. 이런 말을 우리는 흔히 다음과 같이 바꾸어 말한다. "우리 사회의 민주주의가 발전하지 못하는 이유는 전쟁과 춘궁기를 겪은 세대가 보수세력으로 남아 있기 때문이다. 따라서 이 세대가 빨리 죽어야 우리 사회가 정치적으로 발전하고 민주주의 또한 발전할 것이다…" 반면 나이 든 세대는 자기보다 젊은 세대에 대해 "요즘 젊은것들은…"이라고 말하곤 한다. 이 말에는 '요즘 젊은것들은 버르장머리가 없다'는 뜻이 담겨 있다. 한 세대를 구분 짓는 30살 차이가 나지 않더라도, 같은 중학생이나 고등학생끼리도 학년이 높으면 아래 학년 학생들에게 이렇게 말하곤 한다. 물론 대학생들도 마찬가지다.

이런 말을 별다른 생각 없이 하고 받아들이는 것이 우리가 부지불식간에 몸과 마음에 간직하고 있는 실증주의적 세대론이다. 그러나 조금만 바꿔 생각해보면 실증주의적 세대론의 맹점은 금방 드러난다. 현재 우리의 세대 문제를 돌아보자. '나이 든 세대가 젊은 세대보다 훨씬 진보적이지 않은가!' 386세대와 88만원 세대를 정치적으로 비교해보라. 386세대는 진보의 대명사이고, 88만원 세대는 자신의 안일을 위해 '스펙 쌓기'에 열중하는 세대다. '요즘 청년세대가 나이 든 세대보다 얼마나 수세적守勢的인가!' 이 사실만 봐도 실증주의적 세대론의 맹점은 금방 탄로 날 것이다.

그러나 우리나라 진보진영은 '대체로 청년이 진보적일 것'이라고 가정한다. 이러한 실증주의적 사고를 가장 전형적으로 반영한 책으로 《88만원 세대》를 들 수 있다. 그 책의 저자들은 빈곤에 찌들고 첫 섹스의 달콤함도 누리지 못한 세대가 짱돌을 들고 바리케이드를 치고 싸우기를 원했다. 그런데 책이 많이 팔렸는데도 왜 청년들은 이런 행동에 나서지 않았는가? 진보진영의 열망과 달리 청년세대는 짱돌은커녕 투표도 제대로 하지 않는 것이 현재 우리 현실이다.

《88만원 세대》는 진보적인 사고를 지닌 기성세대가 청년세대를 사랑하는 로맨스이자 청년세대를 자기만족적으로 재단한 프로크루스테스의 침대다. 그 책은 결과적으로 청년세대가 진보적이지 않다는 이유로 움직일 수 있는 발을 자르거나 생각할 수 있는 머리를 잘라버린 것이다. 청년이 주체적으로 생각하고 활동하는 존재라는 사실을 부정해버린 것이다. 청년은 곧 진보여야 하며 진보적이지 않으면 안 된다고 가정하기 때문에 이런 결과가 나온 것이다. 이는 '청년은 곧 진보'라는 실증주의적 단순 도식에 큰 문제가 있음을 보여준다.

둘째, "30년 간격의 평균 세대가 우리 유기체에 아주 필연적"[126]이다. 따라서 우리는 이를 두고 30년 동안 배우고, 30년 동안 직장을 다니고, 모두 60년이 지난 뒤에 은퇴해서 삶을 꾸려간다고 말하곤 한다.[127]

30년 세대 주기설은 보편타당한 법칙인가? 집에서 부모와 자식 간의 나이 차이가 대략 30년이라고 한다면, 세대차이는 쉽고 간단하게 설명될 수 있다. 그렇지만 사회 전체로 놓고 보면 30년 간격을 자를 수 있는 기준은 도대체 무엇인가? 몇 년도를 기준으로 세대를 정할 것인가? 어떤 사건을 기준으로 전과 후에 태어난 아이는 그 세대에 포함되는가 포함되지 않는가? 포함된다면 어떤 이유 때문이고, 포함되지 않는다면 또 어떤 이유 때문인가? 사회 전체 인구를 세대로 나누어 설명할 수 있는 객관적인 기준, 보편적인 기준을 절대 존재하지 않는다.

한 사회 전체에서 탄생과 죽음은 지속적으로 연이어 나타나며, 완전한 간격들은 어린이가 결혼 적령기에 도달하기 이전의 명백한 시기가 존재하는 개별 가족 안에서만 나타나기 때문이다.[128]

실증주의적 세대관의 핵심적인 이론적 근거는 '삶과 죽음, 명확하게 측정 가능한 수명, 세대와 세대 사이의 일정한 간격들'을 바탕으로 인간 운명의 구조는 이해 가능하며 심지어는 측정 가능한 형태를 지니고 있다[129]는 것이다. 실증주의적 세대론은 '모든 것은 수학적으로 명료하고, 모든 것은 그 구성 요소들에 관한 분석으로 가능'[130]하다고 생각한다. 만하임은 실증주의적 세대론의 이런 특징을 '생물학적 법칙'에

근거한 '양적 시간', '계량 가능한 시간', '외적인 역학적 시간'
이라고 명명한다. 한마디로 양적 시간이 실증주의적 세대론
의 핵심적인 기준이 된다.

　만하임은 이런 양적 시간 개념에 입각한 실증주의적 방법
론은 근본적으로 '세대 문제'를 제대로 이해할 수 없다고 주
장한다. 그 이유는 실증주의적 세대론 자체 내에서 그 한계
를 이미 지적하고 있기 때문이다. 프랑스 실증주의자들이 세
대에 관심을 기울일 무렵 이미 '청년은 진보, 부모는 보수'라
는 등식이 깨졌기 때문이다.

> 최근 프랑스 학자들이 한 세대에서 다른 세대로의 변화라는 문제에 그
> 렇게 관심을 두게 된 것은 결코 우연이 아니다. 이는 자유주의적-코스
> 모폴리탄적 파고가 민족주의 정신으로 무장한 청년세대의 급격한 출현
> 에 따라 쇠퇴하는 것을 그들이 목격했던 사실에서 기인한다.131

　청년세대는 '진보'이고 나이 든 세대는 '보수'인가? 실증주
의적 세대론은 이를 전제로 연구를 진행한다. 만하임은 "청
년세대는 '진보적'이며 구세대는 그 자체로 보수적이라는 가
정만큼이나 허구적인 것은 없다"고 선언했다는 것을 이미 앞
에서 보았다. 그는 그 이유를 연구자들이 역사사회학의 범
주와 형식사회학의 범주를 혼동한 결과라고 생각했다.132 즉
'보수적'과 '진보적'이라는 표현은 역사사회학의 한 범주인

반면, '구舊'와 '신新'은 형식사회학의 범주라는 것이다. 그런데 대부분의 세대 연구자들은 아무런 전제도 달지 않은 채 '보수적'과 '구'를 결합시키고, '진보적'과 '신'을 결합시킨다. 그러면 우리가 흔히 접하는 '청년=진보', '나이 든 세대=보수'라는 아주 간편한 등식이 만들어지게 된다. 그러나 만하임은 이를 부정하고, 청년이 보수적일지 진보적일지는 현존 사회구조와 청년의 반응에 달려 있다고 선언한다.

청년들이 보수적일지, 반동적일지, 진보적일지는 현존 사회구조와 그 구조 안에서 청년들이 차지하고 있는 지위가 청년 자신들의 사회적 목적들과 지적 목적들의 촉진에 기여할지 안 할지에 달려 있다(전적인 것이 아니라면 최소한 주로).133

(2) 동시대의 비동시성

만하임이 두 번째로 비판한 것은 낭만주의적 세대론이다. 이는 우리의 일상생활 속에서 쉽게 발견할 수 있다. 예를 들어 생각해보자.

어떤 사건이 일어났다고 가정해보자. 예컨대 '천안함' 같은 정치적인 사건이 터지면 50~60대 이상의 나이 든 세대는 대체로 보수적인 견해를, 젊은 세대는 대체로 진보적인 생각을 드러낸다. 한 걸음 더 나가면 정치적·사회적으로 큰 사건이 아닌 작은 사건에 대해서도 나이에 따라 서로 다른 견해를 보이곤 한다.

40대 이하의 세대라도 서로 다른 생각을 드러낸다. 예컨대 386세대는 대체로 진보적이고 개혁적인 생각을 표출하는 반면, 88만원 세대는 대체로 보수적인 생각을 하는 것처럼 보인다. 따라서 결정적인 역사적 사건이 터지고 이를 심판할 투표가 실시된다면, 386세대는 진보적인 견해에 따라 투표를 하지만, 88만원 세대는 아예 투표에 참여하지 않는다. 같은 시대에 같은 사건을 동시에 경험했는데, 왜 세대에 따라 서로 다른 반응을 보이는가?

결론적으로 말하면 나이 든 세대가 젊은 세대보다 진보적 또는 보수적일 수 있고, 젊은 세대가 나이 든 세대보다 보수적 또는 진보적일 수 있다. 한마디로, 특정 세대는 다른 세대에 견주어 진보적 또는 보수적 성향을 띨 수 있는 것이다.

낭만주의자들은 실증주의자들의 양적 시간을 부정하고, 역사는 항상 진보할 것이라는 가정, 예컨대 젊은 세대는 나이 든 세대보다 늘 진보적이므로 역사는 당연히 발전할 것이라는 가정도 부정한다. 그 대신 낭만주의자들은 '주관적으로 경험 가능한 시간', '질적 시간', '내적 시간'에 관심을 기울인다. 낭만주의자들은 한마디로 질적 시간을 사유의 출발점으로 삼는다. 낭만주의자들은 동일 세대가 직접 경험한 사건, 그 사건의 영향을 중시한다. 동일 사건을 동시대에 같이 경험한 세대는 동일하거나 비슷한 태도, 즉 진보적이거나 보수적인 태도를 취하게 된다.

> 동시대에 성장한 개인들은 대부분의 학습기 시절에도 그리고 또한 나이
> 가 든 뒤에도 자신들에게 영향을 준 지적 문화뿐만 아니라, 사회적 그리
> 고 정치적 환경에서 도출된 동일한 지배적 영향들을 경험한다. 그들은
> 동시대인이고, 그들이 세대를 구성한다.134

    만하임은 이로써 실증주의자들이 해소하지 못하는 세대
문제를 낭만주의자들이 해결했다고 생각한다. 예컨대 낭만
주의자들은 '노인보다 더 보수적인 청년세대' 또는 '청년보
다 더 진보적인 나이 든 세대'라는 현상을 이해할 수 있는 실
마리를 찾아낸다. 만하임이 설명한 바에 따르면 실증주의적
세대론으로는 해결하지 못한 '자유주의적-코스모폴리탄적
파고가 민족주의 정신으로 무장한 청년세대의 급격한 출현
에 따라 쇠퇴하는' 문제를 해결할 단초를 찾아낸다. 한 걸음
더 나아가 낭만주의자들은 모든 것을 수로 해결할 수 있으며
세대 문제 역시 수의 문제로 해결할 수 있다는 '산술적 신비
주의'135를 벗어난다.
    만하임은 질적 시간에 근거한 낭만주의적 세대론의 극치
로 핀더의 '동시대의 비동시성'을 들고 있다.

> 다양한 세대가 동일한 연대기적 시간에 살고 있다. 그러나 현실적인 시

간은 경험된 시간이기 때문에, 다른 세대는 모두 질적으로 완전히 상이한 내적인 시대에 살고 있다.136

만하임은 동시대의 비동시성을 발전시켜 각 세대는 고유한 질적인 통일성을 지니고 있다는 점을 핀더의 엔텔레키로써 설명한다.

각 세대는 고유한 '**엔텔레키**Entelechie'를 자발적으로 구성한다는 더 발전된 사상이 있다. 이 엔텔레키에 의해 각 세대는 실제로 그들만의 질적인 통일성에 비로소 도달하게 된다.137

낭만주의적 세대론의 결과 우리는 세대론에 내재된 난제, 즉 동일 세대는 왜 비슷한 태도를 보이는가라는 문제를 해결할 수 있게 된다. 또한 보수적인 세대와 진보적인 세대라는 구분은 실증주의자들의 말대로 나이 차이가 아닌 경험의 공통성에서 비롯한다는 것을 알 수 있다.

만하임은 한편으로는 낭만주의적 세대론의 이러한 업적을 인정하면서도, 다른 한편으로는 낭만주의의 한계를 지적한다. 그는 낭만주의적 세대론이 동일 세대 내에서 서로 다른 목소리가 나오는 것을 설명할 수 없는 한계에 부닥친다고 지적하면서, 그 이유는 낭만주의적 세대론이 세대를 연구하면서 사회적인 요소를 고려하지 않기 때문이라고 분석한다. 그

러므로 사회학적인 관점에서 세대론을 연구하려면 바로 사
회적인 요소, 그중에서도 '집단'을 검토해야만 한다고 주장
하는 것이다.

(3) 세대론의 간단한 정리

이상의 내용을 간단하게 정리해보자. 실증주의적 세대론
은 역사가 발전한다는 단선적 역사관을 바탕으로 양적 시간
에 천착한 반면, 낭만주의적 세대론은 동시대에 서로 다른
세대의 서로 다른 목소리를 바탕으로 질적 시간에 집중했다.
실증주의적 세대론은 통시적 개념으로 세대에 집중했기 때
문에, 젊은 세대는 당연히 진보이고 나이 든 세대는 보수라
는 천편일률적인 개념에 도달했다. 반면 낭만주의적 세대론
은 공시적 개념에 집중했기 때문에, 같은 세대가 경험에 따
라 진보 또는 보수로 표출될 수도 있다고 보았다. 그러나 낭
만주의는 동일 세대 내에 진보적인 목소리와 보수적인 목소
리가 공존한다는 현실적인 문제, 즉 집단에 따라 서로 다른
목소리를 낸다는 문제를 해결하지 못했다. 이를 나무 형태로
그려보면 다음 쪽과 같다.[138] 우선 실증주의적 세대론이다.

나무를 수직으로 잘라보자. 뿌리가 있고, 줄기가 있고, 잎
이 있다. 편의상 뿌리를 젊은 세대, 잎을 나이 든 세대라고 가
정해보자. 나무 전체는 역사의 진행 방향이자 발전 방향이다.
실증주의에 따르면 나이 든 세대는 젊은 세대보다 항상 보수

적이고, 젊은 세대는 나이 든 세대보다 항상 진보적이다. 따라서 세월이 흐르면 청년시절 진보적이었던 세대도, 다음에 성장하는 청년세대보다 보수적이다. 그러므로 역사는 흐르면 흐를수록 점점 더 진보적인 방향으로 발전하게 된다. 그러나 실증주의적 세대론은 젊은 세대가 나이 든 세대보다 더 보수적일 수 있는 역사적 사실과 현재 상황을 해결할 수 없다는 문제점을 드러낸다. 이와 같이 세대를 실증주의적인 방식으로 이해하는 것을 '수직적 세대론'이라고 부르도록 하자.

그러면 낭만주의적 세대론을 그림으로 표현해보자. 나무 줄기는 수평으로 자른다. 이 수평은 특정한 시대, 예컨대 1980년대라고 가정해도 좋고, 2013년 현재라고 가정해도 좋다. 수평으로 자른 나무를 다시 중간을 잘라보자. 그러면 동

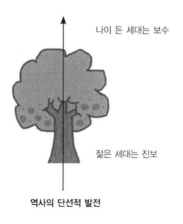

나이 든 세대는 보수

젊은 세대는 진보

역사의 단선적 발전

시대에 나이가 많은 위 세대와 나이가 적은 아래 세대로 나눌 수 있을 것이다. 1980년대처럼 아래 세대가 진보라고 한다면 위 세대는 보수일 것이고, 현재라면 위 세대는 여전히 진보이고 아래 세대가 보수적인 편일 것이다. 동시대의 비동시성처럼 같은 시대에 살고 있지만, 서로 다른 세대가 서로 다른 정치적 태도를 보여준다. 낭만주의는 실증주의적 세대론의 청년＝진보와 나이 든 세대＝보수라는 단순 도식을 넘어설 수 있는 단서를 제공해준다. 이와 같이 낭만주의적인 방식으로 세대를 이해하는 것을 '수평적 세대론'이라고 부르도록 하자.

이제 만하임이 실증주의적 세대론과 낭만주의적 세대론을 비판하고, 사회학적 견지에서 집단을 중시한 내용을 그림으로 그려보자. 위의 나무를 다시 아주 얇게 수평으로 자르고, 그 수평면을 곧 동일 세대라고 가정해보자. 그러면 동일 세대 안에 서로 다른 견해를 취하는 집단들이 존재하는 것을

같은 시대

나이 든 세대: 진보 또는 보수

젊은 세대: 진보 또는 보수

볼 수 있다. 예컨대 진보가 모든 것의 대푯값을 지닌 1980년 대라 할지라도 사회 한편에는 보수적인 목소리를 내는 집단이 존재했다. 또한 현재 대다수 청년은 무기력하다. 그 청년들 가운데 일부는 보수적인 청년으로서, 반대로 다른 일부는 진보적인 청년으로서 2013년 현재 동시대의 역사를 살아가고 있다.

그렇다면 동일 시대를 단 하나의 슬로건으로 '진보' 또는 '보수'라고 단정하는 것은 섣부른 이론적 시도가 될 것이다. 만하임은 동시대의 비동시성을 세대 간의 문제로 이해한 것이 아니라 동일 세대 내의 문제일 수도 있다고 치환한다. 그러면 우리는 '동일 시대', '동일 세대', '서로 다른 목소리'라는 세대현상을 이해할 수 있는 단초를 얻게 된다. 만하임과 같은 방식으로 세대를 이해하는 방법을 '구조적 세대론'이라고 부르도록 하자.[139] 이를 그림으로 그리면 다음과 같다.

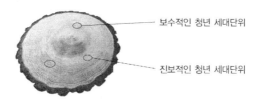

보수적인 청년 세대단위

진보적인 청년 세대단위

3. 동일 세대 다른 목소리

(1) 만하임의 시간관

글을 쓰거나 연구를 하는 사람이 부딪치곤 하는 딜레마가 있다. '하늘 아래 새로운 것은 하나도 없다'는 것과 글을 쓴다면 '이전 천 년, 이후 천 년에도 없는 글을 써야 한다'는 것이다. 구태의연한, 좋게 말하면 남들이 이미 말했거나 연구한 문제를 다루어야 하는 것이 연구자의 운명이며, 그들과 전혀 다른 목소리로 새롭게, 그것도 남들이 전혀 따라올 수 없는 울림을 내는 것이 글 쓰는 사람의 고독한 길이다.

만하임도 세대 문제를 다루면서 맞닥뜨린 딜레마가 바로 이것이다. 세대라는 것은 역사적으로나 학문적으로 진부한 문제인 동시에 수없이 많은 학자가 다루었다는 점은 만하임이 넘어야 할 산이다. 그러나 세대를 그들과 전혀 다르게 새롭게 써야 한다는 점이 만하임의 발목을 잡는다. 그렇기 때문에 만하임이 세대 문제에 새롭게 다가간다는 것은 쉽지 않은 일이다. 게다가 실증주의적 시간관과 낭만주의적 시간관을 벗어나 새로운 시간관을 바탕으로 세대 문제에 접근한다는 것은 더더욱 어려운 일이다.

앞에서 살펴보았듯이 만하임은 '동일 세대 내의 서로 다른 세대단위, 서로 다른 목소리'라는 현상에 주목했다. 그러고 나서 만하임은 천재적인 솜씨로 실증주의의 생물학적 요소와 양적 시간 그리고 낭만주의의 주관적 경험과 질적 시간을 버무려 독창적인 사회운동론적 세대론을 전개한다. 그 결과 세대론 분야에 독창적인 업적을 남겼을 뿐만 아니라 만하임의 세대론을 경유하지 않는 세대론 연구는 있을 수 없게 만들었다.

그는 생물학적 요소를 모든 것이 연역되는 근원으로 인정하지 않는다. 오히려 생물학적 요소를 '사회적 상호작용'과 연관시킨다. 생물학적 요소라는 양적인 시간 요인이 의미가 있는 것은 사회적 연관성을 지닐 때뿐이라는 것이다. 같은 시대에 태어났다는 이유만으로 같은 세대가 되는 것이 아니라 사회 구성원들 간의 사회적 상호작용을 거쳐 하나의 세대로서 의미를 배태시킬 수 있다는 점을 만하임은 역설한다. 만하임의 용어를 빌려 말하면 실증주의적 세대론의 '삶과 죽음, 명확하게 측정할 수 있는 수명, 세대와 세대 사이의 일정한 간격들'이라는 생물학적 요소와 양적 시간을 '사회적 연관성'이 발견되는 '사회적 위치'의 특수성으로 수용하는 것이다.[140]

반대로 만하임은 경험적 요소도 모든 것을 체험하는 보편적인 경험으로 인정하지 않는다. 각 세대는 태어나는 순간부터 이미 어떤 '특수한 범주의 잠재적 경험만을 겪게' 되어 있을 뿐이다. 1990년쯤에 태어난 세대가 1987년을 경험할 수 없는 것은 너무 당연한 일이다. 만하임은 여기서 더 나아가 같은 세대라 할지라도 '유용한 경험적, 지적 그리고 감정적 자료'들 중 '한 부분에만 접근한다는 것, 요컨대 하나의 특수한 측면'에만 제한되게 된다고 생각한다. 가톨릭이 지배한 중세의 정신 풍토도 성직자, 기사, 수도사가 각각 다르게 받아들이는 것[141]과 마찬가지라고 만하임은 역설한다. 우리나라에서 1980년 광주의 소용돌이라든가 1987년의 민주화 운동 경험을 지역에 따라, 부자인지 또는 가난한지에 따라, 많이 배웠는지 못 배웠는지에 따라 다르게 받아들이는 것과 마찬가지다.

세대의 경우도 마찬가지로 어떤 사건이 벌어지면 자신이 놓인 '사회 내 위치 관계'에 따라 서로 다르게 받아들인다. 여기서 만하임은 양적 시간과 질적 시간을 통합한 새로운 시간관을 드러낸다. 그는 양적 시간과 '사회적 위치의 특수성' 그리고 질적 시간과 '사회 내 위치 관계'를 변증법적으로 통합한 시간관, 굳이 이름을 붙인다면 '사회적인 변증법적 시간관'을 제시한다. 만하임은 실증주의적인 수직적 세대론과 낭만주의적인 수평적 세대론을 결합시켜, 특정한 시대의 세대 문제를 규명할 수 있는 구조적 세대론을 발전시킨다.

또한 실증주의의 생물학적 요소의 연역성을 부정하고 낭만주의의 경험적 요소의 보편성도 거부한다. 그러나 그는 실증주의의 생물학적 요소가 세대에 미치는 규정성과 낭만주의의 경험적 요소가 세대에 미치는 특수성을 수용하여 사회과학적 세대론을 설명할 수 있는 기본 사실을 적시한다.

(1) 새로운 문화 담지자의 끊임없는 출현에 의해

(2) 이전 문화 담지자의 소멸에 의해

(3) 그 당시 세대관계의 담지자는 시간적으로 한정된 역사 과정에만

  참여한다는 사실에 의해

(4) 축적된 문화유산의 지속적 전승(전달)의 필연성에 의해

(5) 세대교체의 지속성에 의해142

만하임은 이 다섯 가지 요소를 세대가 지속적으로 변화하는 현실 사회와 변화하지 않는 유토피아 사회와 비교해 세대의 기본요소가 어떻게 작동하는지를 설명한다. 나아가 실증주의적 세대론과 낭만주의적 세대론을 독자적으로 수용·변화·발전시킴으로써 그 자신만의 고유한 사회운동론적인 세대론을 전개한다.

(2) 사회운동론적 관점의 세대론

만하임은 기본적으로 세대를 사회운동론적인 관점으로 재구성하고자 한다. 만하임은 이를 이해하기 쉽게 설명하기 위해 계급운동론의 구성과 비교하면서 세대운동론을 전개한다. 그는 프롤레타리아 계급에 담긴 포괄적인 의미 대신 세대라는 용어에 담긴 의미의 함축성을 끌어낸다. 프롤레타리

아 운동에 적용되는 즉자적 계급 대신 세대위치, 대자적 계급 대신 실제 세대, 대중조직 대신 세대단위, 전위정당 대신 구체 집단, 지식인 계급이라는 용어 대신 선구자라는 용어를 사용해 세대운동론을 확정짓는 것이다.

'세대위치'는 프롤레타리아라는 단순한 사실, 즉 자본이 없이 노동으로 삶을 영위하는 단순한 노동자로 살아가는 즉자적 계급으로서의 노동자와 비교된다. 세대위치는 같은 시대에 태어나 역사적으로 같은 경험을 하는 것을 말한다. 즉 '동일한 역사적-사회적 영역 내에서, 달리 말해 동일한 역사적 생활 공동체 내에서 동시대에 태어나'는 것을 말한다.143 예를 들면 1980년 이후에 태어나서 2012년 현재 고등학교를 졸업하고 직장을 다니거나 대학을 다니거나, 또는 대학을 졸업하고 직장을 다니고 있다면, 같은 세대위치에 있다고 할 수 있다.

'실제 세대'는 노동자로서 노동의 현실이 왜 문제인지 깨닫고 활동할 준비가 되어 있는 대자적 계급과 비교된다. 세대위치는 같은 시대, 같은 역사를 경험한다는 것만으로 만족하는 것이 아니라 동일 세대를 살아가는 공동 운명에 참여하는 것을 말한다. 만하임은 실제 세대를 동일한 세대위치의 특징인 '특정한 역사적-사회적 통일성 내에서 위와 같이 기술된 단순한 현존하는 이상의 것'이며 '더 많은 구체적인 연계', 즉 '역사적-사회적 통일성이라는 공동 운명에 대한 참여'라

고 정의한다.[144]

예컨대 1980년 이후에 태어나서 2008년 촛불집회에 직접 참여해 역사의 수레바퀴에 참여했다면 실제 세대라고 할 수 있다. 한 개인이 동시대에 태어나 동시대의 역사를 살고 있다고 무조건 실제 세대가 되는 것은 아니다. 동시대에 태어나 동일한 역사를 살아가고 있다 해도, 촛불집회에 직접 참여하지 않았다면 실제 세대가 아니다. 예컨대 촛불집회가 벌어지는 곳과 멀리 떨어진 지방 외진 곳에서 촛불집회가 벌어지는지조차 모르는 사람이 있다면, 그는 촛불세대 위치에 포함될 수는 있지만 동일 실제 세대는 아니다.

'세대단위'는 대자적 계급으로 단지 파업에 참여하는 정도가 아니라 노동운동에 더욱더 깊이 개입하는 대중운동조직과 비교된다. 대중운동조직 참여자는 대자적 계급과 달리 운동의 주장을 선전하고 실행한다. 마찬가지로 세대단위는 실제 세대보다 훨씬 더 깊이 세대운동에 관여하는 세대라고 볼 수 있다. 만하임은 세대단위가 '단순한 실제 세대가 구성했던 유대Verbundheit보다 훨씬 더 구체적인 유대'를 맺는다고 보았다.

세대단위에서 중요한 것은 동일 세대 내에 단 하나의 세대단위가 존재하는 것이 아니라 복수의 세대단위가 존재한다는 점이다. 이 점이 바로 만하임의 세대 문제를 바라보는 독자성이자 독특성이다. 즉 동일 세대위치 내에 실제 세대가 존재하면, 그 실제 세대 내에 다양한 세대단위들이 존재한다는 것이다. 그렇기 때문에 동일한 역사적 사건에 대해서도 서로 다른 세대단위마다 서로 다르게 해석하고 서로 다르게 행동하게 된다. 만하임은 이를 다음과 같이 정의한다.

> 동일한 실제 세대 내에서 이러한 경험을 각각의 서로 다른 방법으로 소화하는 이러한 집단들은 동일한 실제 세대의 범주 내에서 각각의 다양한 '세대단위'들을 구성한다.145

만하임은 동일 세대 내에 서로 다른 세대단위들이 존재한다는 것을 끄집어냄으로써, 같은 세대 내에 서로 다른 사고와 행위를 하는 세대집단이 있을 수 있다는 것을 논증했다. 그 결과 우리는 동일 사건을 진보적 또는 개혁적으로 사고하는 세대단위와 보수적 또는 역행적으로 해석하는 세대단위가 존재한다는 것, 나아가 이런 세대단위가 또 다른 정치적 집단을 형성할 뿐만 아니라 정치적 주체로 나선다는 것도 확인할 수 있다. 예컨대 촛불집회에 찬성하며 적극 참여하는 세대단위가 있는가 하면, 촛불집회에 반대하며 반대 집회를 여는 세대단위도 있는 것이다.

만하임은 세대단위가 첫째, 동일 사건에 대한 '유사한 반응', 둘째, '구성원들에게 더욱 구체적이며 결속력 있는 속박을 부과하는 경향', 셋째, '창조된 당파적인 통합적 태도들'을 특징으로 한다고 보았다.

구체 집단은 계급운동의 전위조직과 비교된다. "구체 집단들 안에서 구성원들은 아주 가까운 거리에서 자신을 마주하고, 서로 정신적-영적으로 자신을 고양시키고, 이러한 생활 공동체 안에서 (새로운 위치에 상응하는) 기본 태도를 스스로 만들어낸다."[146] 여기서 만하임은 "세대단위가 구체 집단의 형태 안에서 존재하는 것은 아니다"라고 못 박는다.[147]

또한 만하임은 세대운동에 자양분을 제공하는 지식인 집단을 '선구자'로 명명하면서 그 역할과 의의를 부여하고 있다. 이는 프롤레타리아 운동에서 다수의 지식인이 프롤레타리아 계급이 아닌 주변 계급에서 나온 것과 비슷하다.[148] 그는 세대운동의 선구자가 동일 세대 내에서 발생하는 것이 아니라 주로 이전 세대 지식인 계층에서 나온다고 주장한다. "새로운 세대에 속하는 특수한 태도들의 핵심이 그들 자신의 세대에 속해 있기는 하지만, 이 세대와는 단절되어 있는 개별 개인(선구자들 Vorläufer)이 만들어내고 자신의 삶을 통해 완성하는 일이 종종 발생한다."[149] 예를 들면 '88만원 세대'라는 용어를 만들어내고 유포한 두 명의 지식인이 청년세대가 아닌 전 세대에서 나온 것과 비슷하다. 이와 같은 내용을 프롤레타리아 운동과 비교해 그림으로 간단하게 설명하면 다음과 같다.

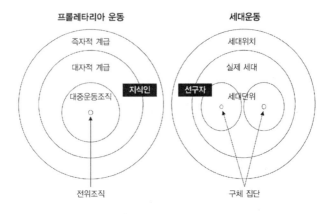

프롤레타리아 운동 / 세대운동

즉자적 계급 / 세대위치
대자적 계급 / 실제 세대
대중운동조직 / 세대단위
지식인 / 선구자
전위조직 / 구체 집단

　동시대를 수평면으로 잘라 한 단면을 본다면, 동시대의 동일 세대 내에서 세대와 세대의 관계를 명확하게 볼 수 있는 장점이 있다. 만하임은 위와 같이 실증주의의 수직적인 양적 시간도, 낭만주의의 수평적인 질적 시간도 해결할 수 없었던 '동일 세대의 동시대의 비동시성'을 '사회적인 변증법적 시간관'으로 해명할 수 있는 단초를 제공했다.

(3) 세대의 통일성

　서로 다른 세대단위가 존재한다면, 우리는 세대를 어떻게 하나의 세대라고 일컬을 수 있는가? 이 문제를 해결하지 못한다면, 우리는 하나의 시대를 ○○세대라고 일컬을 수 없기 때문이다. 만하임은 이 문제에 정면으로 도전하여 해결해나간다.

그는 하나의 세대를 존재 그 자체로서의 세대위치, 공동운명에 참여하는 주체로서의 실제 세대, 통합적 활동 집단으로서의 세대단위를 구분했다. 또한 그 세대단위 안에 세대단위를 통합시키며 통일적인 목소리를 내게 하는 구체 집단이 있다고 주장했다.

그런데 여기서 문제가 발생한다. 한목소리를 내지 않는 세대도 'ㅇㅇ세대'라는 통일적 명칭을 붙일 수 있는가다. 즉 서로 다른 세대단위들이 존재하고, 그들이 서로 다른 목소리를 내며 서로 다른 활동을 한다면, 우리는 하나의 세대를 특정한 어떤 세대라고 할 수 있는가 하는 문제다. 예컨대 88만원세대 내에 서로 다른 진보적인 견해와 보수적인 견해를 취하는 세대단위들이 존재한다면, 이들을 하나의 세대라고 명명할 수 있는가?

이것은 세대를 논의할 때 아주 심각한 문제다. 왜냐하면 세대를 통일할 수 있는 하나의 세대 명칭이 존재하지 않는다면, '세대'에 관한 연구 자체가 무의미하기 때문이다. 만하임은 동일 세대 내에 다양한 세대단위가 존재한다는 것을 입증함으로써 동일 세대 내의 다양성을 설명할 수 있었다. 그러나 서로 다른 생각을 하고 서로 다른 활동을 하는 세대가 하나의 세대로 명명될 수 없다면, 그것은 동일 세대가 될 수 없게 된다. 따라서 세대는 존재하되 존재하지 않는 기묘한 역설이 발생한다. 만하임은 여기서 서로 다른 세대단위가 활동하는데도 동일 세대에 통일적인 명칭을 부여하는 이유를 찾아낸다.

> 동일한 실제 세대라는 범주 안의 양극에서 적대적으로 다투고 있는 다
> 수의 세대단위들이 형성될 수 있다. 다수의 세대단위들이 서로 싸우면
> 서도 서로 조화를 이루기 때문에, 여러 세대단위들은 하나의 '실제 세대'
> 를 구성한다.[150]

예컨대 실제 세대로서 촛불세대에는 촛불집회를 찬성하는
세대단위도 있을 수 있고, 반대하는 세대단위도 있을 수 있
다. 그러나 서로 다른 그들이 촛불집회를 둘러싸고 각각 다
른 의견을 표출한다는 점에서는 서로 다른 세대단위이지만,
그들은 '서로에게 익숙해져 있기 때문에' 촛불세대라는 단일
명칭을 부여받을 수 있는 것이다. 그렇기 때문에 우리는 보
수적인 관심에서건 진보적인 관심에서건 촛불세대라고 부
를 수 있고, 그래서 촛불세대가 역사적·사회적·정치적으로
존재하게 되는 것이다. 만하임은 핀더의 엔텔레키 개념을 발
전시켜 이를 설명한다.

> 세대단위들은 완성된 형상이 결코 아니며, 세대단위들은 때에 따라 고
> 유한 엔텔레키를 발산한다. 그러나 이러한 엔텔레키는 그 자체로 파악
> 될 수 없으며, 이와 같은 조류 엔텔레키들의 범주 내에서만 파악될 수
> 있다.[151]

따라서 우리는 하나의 세대 안에 서로 다른 세대단위의 존재와 활동이 있어도 하나의 세대라고 명명해 부를 수 있을 뿐만 아니라 동일한 세대로 이해할 수 있는 가능성을 얻게 된다. 예를 들어 386세대를 보자. 민주화를 위해 진보적인 활동을 했던 다수의 386세대 단위들이 존재한다. 반면 이런 경향에 명시적으로 반대하지는 않았지만 묵시적으로 반대하거나 목소리를 드러내지 않았던 다른 세대단위들도 존재한다. 처음에는 진보적인 386세대 단위들이 주도적인 힘을 발휘했고, 나중에는 보수적인 세대단위들도 목소리를 내며 제자리를 차지하기 시작했다. 그렇기 때문에 우리는 진보와 보수 양자 모두를 합쳐 386세대라 부르고, 386세대라고 이해하는 것이다. 조금 장황하고 길지만 만하임은 이를 다음과 같이 표현했다.

19세기 초 독일 내에 낭만주의적-보수주의적 세대가 존재하며, 그 후 이 세대가 자유주의적-합리주의적 세대(청년 독일das junge Deutschland 등등)에 의해서 계승된다고 가정하는 것은 아주 잘못된 것이다. 좀 더 정확하게 말한다면 19세기 초 낭만주의적-보수주의적인 극단적 경험에 뿌리를 두고 있는 청년들이 새로운 세대 엔텔레키들을 낳는 것이 가능했다고 말해야 한다. 낭만주의적-보수주의적 청년세대만이 그 시대의 기본 정서에 광범위하게 흔적을 남기는 것이 가능했다. 30년 동안 발생했던 것은 갑자기 다시 자유주의적-합리주의적인 '새로운 세대'가 출현했던 것이 아니라, 자유주의적-합리주의적인 노선을 따랐던 청년들이 자기들 배후에 있는 전통을 세대에 적합하도록 새롭게 형성하는 것이 가능해졌다는 점이다. 의심할 여지 없이 기본적인 양극화가 그 시대에 지속적으로 있었으며, 모든 조류들에는 고유한 청년세대가 있었다.152

4. 만하임이 미처 못한 이야기들

만하임의 〈세대 문제〉는 짧은 글이지만, 앞에서 언급한 것 외에도 세대를 연구하기 위한 아주 많은 이론적 가능성을 열어놓았다. 읽으면 읽을수록 생각할 거리와 분석할 거리를 던져준다. 그러나 만하임이 세대를 다루면서 스스로 던져놓은 문제들 중에는 해결되지 않은 채 남은 것도 있고, 여전히 다루지 않은 문제도 있다.

첫째, 만하임은 세대를 다루면서 세대 스타일을 촉발하는 행위의 근거가 무엇인지 밝히지 않는다.

일반적으로 하나의 새로운 세대 스타일이 해마다, 30년마다, 100년마다 나타날 것인지 아닌지, 또는 주기적으로 출현할 것인지 아닌지는 전적으로 사회적-정신적 과정의 촉발력에 달려 있다. 여기에서 이러한 사회적 역동성이 자신의 지배적인 특징을 주로 경제 영역의 작인들 속에

서 작동할 것인지 아니면 그 밖의 또 다른 정신 영역의 작인들 속에서 작
동할 것인지는 특수하게 검토되어야만 할 문제다.153

　여기서 우리는 만하임이 말하는 대로 세대를 연구할 때 경
제적 영역이 중요한지 정신적 영역이 중요한지 고민해야 한
다. 예컨대 386세대는 경제적 영역보다는 이데올로기적 요
인으로 설명하는 것이 쉽지만, '88만원 세대'는 이데올로기
적 영역보다는 경제적 영역으로 설명하는 것이 편하다. 만하
임의 언급대로 우리는 세대 문제를 연구할 때 이데올로기적
영역과 경제적 영역 사이의 관계를 고민해야 할 뿐만 아니라
또 다른 사회문화적 과정도 연구해야 한다. 이 문제에 대한
답변을 찾을 때, 그가 주장한 사회운동론적 관점의 세대론은
운동의 한 이론적 지침서로 완결될 수 있을 것이다.
　둘째, 만하임은 우리 사회의 현재 세대 문제를 분석하는
데 큰 도움이 되는 독자적 세력화를 이루지 못한 '긴 세대론'
을 언급하고는 있지만 자세히 다루지는 않았다.

　독자적인 엔텔레키의 생산에 실패한 그러한 세대들은 기회가 주어진
다면 만족스러운 형태를 달성할 수 있었던 이전 세대에 기생하거나 새
로운 형태를 발전시키는 것이 가능한 더 어린 세대에 빌붙는 경향이 있
다.154

실제로 우리 사회에서 88만원 세대는 독자적인 세력화를 이루지 못한 세대다. 그들은 만하임이 말한 대로 이전 세대인 386세대에게 기생하거나 더 어린 세대인 촛불세대에게 빌붙을 가능성이 짙다. '긴 세대론'이 역사 속에서 어떤 역할을 했으며, 현재 긴 세대는 앞으로 어떤 운명을 겪을 것인지 더 상세히 분석하는 것은 연구자들의 몫이다.

마지막으로, 만하임은 세대에 대한 정치적 분석을 과제로 요구한다. 다수 학문 분야는 이유가 무엇이든 간에 세대를 연구의 한 주제로 다루고 있다. 상업적인 이해관계가 있는 영역 또한 세대를 주요한 영역으로 다루고 있다.

예컨대 역사가의 세대 연구는 세대라는 문제가 포화상태가 되면 뒤늦게 검토한다. 역사가는 세대 차이가 특정한 역사적 상황에서 중요한지 중요하지 않은지, 중요하다면 어떤 점에서 중요한지를 다룬다. 세대를 다루는 대부분의 역사학자는 역사 속에서 '세대'가 만연해지면 뒤늦게 검토하는 경향이 있다.[155] 인구학자의 세대 연구는 세대의 지속과 그 지속이 어떻게 변화하는지를 집중적으로 다룬다. 인구학자는 탄생 시기를 중심으로 세대를 구분하고, 그러한 구분의 의미를 집중적으로 다룬다. 사회학자는 세대와 사회변동의 관계를 다루는 데 집중한다. 사회학자는 사회변동의 동인과 세대의 관계 문제를 다루며, 결과적으로 사회변동에 끼치는 영향이라는 측면에서 세대의 역할을 다룬다.

마지막으로, 정치학의 관점에서 세대를 어떻게 바라보아야 할까? 만하임은 집단을 세대 분석의 단위로 삼았으며, 특정 세대단위가 진보 세대단위와 보수 세대단위로 나뉜다고 주장했다. 세대단위의 운동은 정치적인 결과를 낳게 마련이고, 그 결과는 다시 세대에 영향을 끼친다. 그러나 만하임은 정치적 관점에서 세대의 문제를 다루지 않았다.

박재흥은 세대 이름을 생산하는 3대 주체로 대중매체, 기업과 광고기획사, 정치권을 들었다. 그중 정치권은 '유권자의 분할 포섭이라는 선거 공학적 계산에 의해 신조어 생산에 관심을 가질 것'[156]이라며, 정치와 세대의 관계를 설명했다. 박재흥은 마치 정치권이 정치적 이익을 위해 신조어를 생산하면 특정 세대가 만들어지는 것처럼 묘사한다. 그러나 특정 세대는 이름을 만든다고 만들어지는 것이 아니라 그 세대가 특정한 특성이 있기 때문에 특정 세대로 명명되는 것이다. 다시 말하면 알맹이가 없고 실체가 없는 이름을 정치권이 작명한다고 해서 특정 세대가 만들어지는 것은 아니다.

박재흥의 말대로라면 진보적 명칭으로서 '386세대'는 386세대 안에서도 보수적 가치를 지향하는 또 다른 세대를 바라볼 수 없게 만든다. 이 점에서 "우리가 시대정신을 역동적-이율배반적인 의미에서 고찰한다면, 시대정신…은 통일적 실체다"라는 만하임의 지적은 의미가 있다.

정치학의 기본 사명은 '물질적 재화와 정신적 가치의 분배'를 다루는 것이다. 물질적 재화와 정신적 가치의 분배에는 반드시 역동적 긴장관계가 발생한다. 세대의 관점에서 본다면 나이 든 세대와 젊은 세대 사이에 역동적 긴장관계가 발생할 수도 있으며, 동일 세대 내에서도 진보적 가치와 보수적 가치 사이에 역동적 긴장관계가 발생할 수 있다. 정치학은 바로 이 지점을 연구 대상으로 삼아야 한다. 만하임이 언급한 대로 물질적 가치를 둘러싼 세대의 역동적 긴장은 경제적인 문제로 다가올 것이며, 정신적 가치를 둘러싼 세대의 역동적 긴장은 이데올로기의 문제로 다가올 것이다. 정치학이 세대 문제에 개입하고 적극적으로 해명해야 하는 것은 바로 이 지점이다.

5. 만하임의 세대론에 대한 논쟁적 평가

지금까지 만하임이 논의한 많은 것들 중에서 중요하다고 생각한 것을 사회운동론적 관점에서 분석해보았다. 만하임은 실증주의적 세대론과 낭만주의적 세대론의 한계를 지적하고, 양자를 결합해 사회운동론적 관점에서 세대론을 재구성했다. 그의 이러한 연구 결과는 꽤 많은 부분에서 시사점이 있다.

그중 가장 중요한 것은 만하임이 세대를 수직적 이해에서 수평적 이해로 바꾸어놓았다는 점이다. 세대차이라는 말에서 드러나듯이 세대는 우리에게 항상 수직적인 이해의 문제였다. 실증주의적 세대론은 나이를 많고 적음을 기준으로 세대를 진보와 보수로 나누었고, 낭만주의적 세대론은 경험에 따라 세대를 진보와 보수로 나누었다. 두 세대론은 이유야 어떻든 간에 나이에 따른 세대차이를 극명하게 드러내는 것이었다. 그러나 만하임은 나무를 수직적으로 켜는 것이 아니라 수평적으로 켜서, 동일 세대의 한 단면을 볼 수 있는 가능성을 열어놓았다.

둘째, 동시대에 서로 다른 세대단위들이 존재한다는 점이다. 이 논의를 토대로 우리는 통시적인 세대갈등, 즉 위 세대와 아래 세대의 세대갈등을 넘어 공시적인 세대갈등, 동시대의 동일 세대 내의 갈등을 분석할 수 있는 근거를 얻게 되었다. 동시대라는 이유에서 하나로 뭉뚱그려져 분석될 수 있는 것처럼 보였던 동일 세대가 더 분자화되고 구체화되어 분석될 수 있는 가능성을 열어놓은 것이다.

셋째, 만하임의 세대론은 세대의 사회운동적 가능성을 열어놓았다. 세대를 단순한 분석의 대상으로 여기는 것이 아니라 활동의 가능성으로 열어놓은 것이다. 따라서 실증주의적 세대론과 낭만주의적 세대론이 정태적 분석, 즉 과거의 사실만을 연구 대상으로 삼는다고 한다면, 만하임의 세대론은 당대의 변동하고 있는 세대론을 분석할 수 있는 이론적 근거가 된다. 요컨대 만하임의 세대론은 세대의 사회운동 조직화를 위한 이론적 근거이자 실천적 활동 방향성을 정립해줄 수 있다. 이를테면 분석 단위로서 '세대위치' '실제 세대' '세대단위' '구체 집단' '선구자' 등과 같은 개념은 문제를 겪고 있는 세대를 포섭하는 이론적 장치가 될 수 있는 것이다. 예를 들자면, '88만원 세대'처럼 스펙 쌓기, 취업난, 경제적 곤란 등을 이유로 희망을 상실한 세대를 세대전쟁에 배치할 수 있는 이론적 근거가 될 수도 있다.

1 (옮긴이주) 이하 '세대 문제'로 통일한다.

2 (옮긴이주) 흄David Hume(1711~1776)은 경험론자로, 경험이 없이
   는 인식도 있을 수 없다고 생각했다.

3 (옮긴이주) 송충이와 쐐기벌레처럼 몸에 털이 있는 벌레들.

4 (옮긴이주) 세대와 세대가 갑자기 단 한 번에 사라지고 새롭게 나
   타나는 것을 뜻한다.

5 (저자주) 흄과 콩트 인용은 Mentré, 179쪽 이하와 66쪽 이하 참조.
   (옮긴이주) 콩트Auguste Comte(1798~1857)는 실증주의의 창시자다.
   그는 사회 현상을 연구할 때 자연과학과 마찬가지로 실험과 관찰을
   중시했으며, 이를 바탕으로 비교와 역사적 분석을 했다. 그는 인간
   의 지식이 신학적, 형이상학적, 실증적 단계로 발전한다고 보았다.

6 (옮긴이주) 사상가의 구성적 상상이란 현실을 구성하는 다양한 요
   소들을 배제해버리고, 사상가 자신이 생각한 대로 세계를 재구성하
   여 이해하는 것을 말한다. 이 글에서는 실증주의 방식으로 세상을
   이해하는 것, 즉 수적인 것, 수학적인 것으로 세상을 구성하여 역사
   와 인간 등에 대해 판단하는 것을 말한다.

7 (옮긴이주) 쿠르노Antoine Augustin Cournot(1801~1877)는 프랑스의
   철학자이자 수학자, 경제학자다. 그는 "철학과 과학의 관련성 해명

을 꾀하여 과학적 인식의 성격을 규명"하고자 했다. 또한 그는 "수리경제학의 선구자로, 수학과 경제학에 관한 해박한 지식을 토대로 경제 문제를 다루면서 수학을 적용하려고 시도했다. 그는 1838년 《부의 이론의 수학적 원리에 관한 연구Recherches sur les principes mathématiques de la théorie des richesses》라는 경제학책을 남겼다. (브리태니커 사전과 다음daum 오픈open 지식 참조)

8   (옮긴이주) 드로멜J. Dromel은《혁명의 법칙. 세대, 민족, 왕조, 종교 La Loi des révolutions. Les générations, les nationalités, les dynasties, les religions》(Paris, 1862)의 저자다.

9   (옮긴이주) 멘트레F. Mentré는《사회의 세대들Les générations sociales》(Paris, 1920)의 저자다.

10   (옮긴이주) 페라리Giuseppe Ferrari(1811~1876)는 이탈리아의 역사가이자 정치철학자다. 그는《비코와 이탈리아Vico et l'Italie》(1839), 《혁명의 철학 Filosofia della rivoluzione》(2권, 1851)과 《이탈리아 혁명사 Histoire des révolutions d'Italie》(4권, 1858)를 썼다. 그는《역사의 계산 L'aritmetica della storia》을 집필하면서 역사가 "통계학적으로 때와 관례에 따라 결정된다는 기계적인 관점을 표명"했다. (브리태니커 사전 참조.)

11   (옮긴이주) 로렌츠Ottokar Lorenz(1832~1904)는 오스트리아의 역사가이자 계보학자로, 근대 과학적 계보학의 선구자다. (위키피디아 참조).

12   (저자주) 이 글에서 언급된 모든 저작의 정확한 제목은 본문 뒤의 참고문헌에 수록되어 있다.

13   (옮긴이주) 다양한 연령층의 존재를 뜻한다.

14   (저자주) 뤼멜린Rümelin의 시도는 가장 과학적인 것처럼 보인다. 그는 우선 모든 정신과학적인 문제를 무시하고, 순수 통계학적인 방

법에 의지해 국가의 세대주기Generatisdauer를 평가하려고 했다. 여기에서 중요한 것은 다음과 같은 두 가지 요소, 즉 평균 결혼 연령과 부부 생식력의 평균 주기 절반이다. 그는 세대의 주기를 이러한 두 가지 양(사회 집단과 국가에 따라 아주 상이한)의 총계로 얻어낸다. 독일은 36⅓, 프랑스는 34½로 계산되었다.

(옮긴이주) 오르테가Ortega와 마리우스Marius는 15년을 기준으로 세대를 구분했다. 예컨대 0∼15세는 유년기childhood, 16∼30세는 청년기youth, 31∼45세는 성년기initiation, 45∼60세는 장년기dominance, 60세 이상은 노년기old age로 구분했다.

15 (저자주) 참고문헌 19번 참조.

16 (저자주) 우리는 이 장에서 멘트레가 아직 취급하지 않았던 세대 이론의 대표자들을 자세하게 토론할 것이다.

17 (옮긴이주) 에스피나스Alfred Victor Espinas(1844∼1922)는 콩트와 스펜서의 제자로 실증주의를 지지했으며, 니체에게 영향을 주었다.

18 (저자주) Mentré, 298쪽.

19 (저자주) 아가통Agathon(1), 뱅빌Bainville(3), 아조르주Ageorges(2), 발루아Valois(3), 쿠르티우스E. R. Curtius(7), 플라츠Platz(25)의 저작들은 늘 세대의 요소들을 고려한다(괄호 안의 숫자는 참고문헌 번호—옮긴이).

20 (옮긴이주) 딜타이Wilhelm Dilthey(1833∼1911)는 "인문과학에 널리 퍼진 자연과학의 영향을 거부하고 인간을 역사적 우연성과 가변성에 따라 이해하는 생철학을 발전시켰다. (중략) 역사학이 자연과학의 방법론적 이상에 접근하려는 경향에 반대하여 인문과학을 그 자체의 고유한 해석적 학문으로 정립하려고" 했다. (브리태니커 사전 참조)

21 (옮긴이주) 정신과학은 자연과학과 대비되는 인문·사회과학 등을

뜻한다.

22 (옮긴이주) 자유주의적이며 실증주의적인 진보 개념을 말한다.

23 (저자주) 보수적인 시간 체험에 관해서는 K. Manheim, 〈보수적
    인 사상Das konservative Denken〉, Archiv für Sozialwissenschaft u.
    Sozialpolitik, Bd. 57. H. 1/2, 98쪽 이하를 볼 것. 역사적 발전의 총
    량으로 사용된 진보 개념에 대한 평판과 관련해서는 예컨대 Pinder,
    138쪽 참조.

24 (옮긴이주) 영역판에서는 이를 "지적 '진화'사the history of intellectual
    'generation'"라고 옮겼다.

25 (저자주) Dilthey, 36쪽 이하 참조.

26 (옮긴이주) 산술적 신비주의란 세대들과 관련한 모든 문제를 단순
    히 양적인 문제로, 다시 말하면 수의 문제로 설명하는 것을 은유적
    으로 지칭한 말이다. 이 용어는 앞에서 설명했듯이, "구세대는 보수
    적이고 청년세대는 보수적이다"처럼 단순하게 설명하는 실증주의
    적 세대 이론을 지칭하기 위한 것이다.

27 (옮긴이주) "전도되었던"은 영역판에서 "감연히 퇴보했던"으로 번
    역했다. 이는 앞의 주 4에서 언급한 것과 연관된다. "전도되었던"은
    질적인 요소를 무시했다는 의미 정도만 있다. 영역자는 "감연히 퇴
    보했던"으로 번역하면서 질적인 요소를 모두 용감하게 무시해버리
    고 모든 것을 수학적으로 판단할 수 있는 수학적 신비주의로 물러나
    는 것을 비판하기 위해 사용한 듯하다.

28 (옮긴이주) 하이데거Martin Heidegger(1889~1976)는 독일의 철학자
    로《존재와 시간》등의 저작이 있다.

29 (옮긴이주) 개인의 운명이 다양하게 결정될 수 있다고 한다면, 이것
    을 가능하게 하는 조건이 자기가 속한 세대 속에 이미 존재하고 있
    음을 말한다.

30　(저자주) Heideger, 384쪽 이하 참조.
　　(옮긴이주) 이해를 돕기 위해 독립된 인용문 형태로 바꾸었다.

31　(옮긴이주) 핀더Pinder, Georg Maximilian Wilhelm(1878~1947)는 독일의 예술사가로 세대론적 예술사generational view of art history를 옹호하고 발전시켰다. 그는 예술을 한 지역 내에서 이루어지는 젊은 예술가와 나이 든 예술가의 상호작용으로 이해했다. (https://arthistorians.info/pinderw 참조)

32　(저자주) Pinder, 특히 7장 참조.

33　(저자주) Pinder, 21쪽. 이탤릭체는 핀더가 강조한 것이다.
　　(옮긴이주) 이해를 돕기 위해 독립된 인용문 형태로 바꾸었다.

34　(옮긴이주) 영역자는 Zeitraum을 a temporal volume으로 번역하면서, 시간의 매 순간을 다양한 세대가 공유하는 어떤 시간적 공간의 의미를 살려주었다.

35　(저자주) Pinder, 앞의 책, 20쪽 참조.

36　(옮긴이주) 엔텔레키는 다양한 영역에서 사용하는 용어다. 아리스토텔레스는 어떤 사물 자체에 함유된 목적을 그 사물의 엔텔레키라고 보았다. 따라서 모든 만물에는 고유한 엔텔레키가 있게 마련이다. 자연도 개개의 엔텔레키를 실현하기 위해 노력한다.

37　(옮긴이주) 리글Alois Riegl(1858~1905)은 오스트리아의 미술사학자로 빈 예술사 학파Vienna School of Art History의 구성원이었다. 그는 예술사를 자명한 강단 학문으로 확립하려고 시도했다.

38　(저자주) 만하임, 〈세계관의 해석의 이론에 대한 기여Beiträge zur Theorie der Weltanschauungsinterpretation〉(Jahrbuch für Kunstgeschichte, Bd. 1. Wien 1923. Ersch. in der Serie: "Kunstgeschichtliche Einzeldarstellungen", Bd. 2. Herausgegeben vom "Kunsthist. Institut des Bundesdenkmalamtes", Wien 1923, 38쪽 이하).

(옮긴이주) 리글의 예술적 의욕은 다음과 같이 명료하게 설명될 수 있다. "모든 인간의 의지는 개인 내에서 그리고 개인을 넘어서 세계와 인간의 관계에 관한 만족적 형상화를 지향한다. 조형의 측면에서 예술적 의욕은 인간과 감각적으로 인지 가능한 사물들의 외관의 관계를 규제한다. 예술은 인간이 사물들을 형태 지어지거나 채색된 것으로 보기를 원하는 방법을 표현한다. 이것은 마치 시적인 측면에서 예술적 의욕이란 인간이 사물들을 상상하기를 원하는 방법을 표현하는 것과 마찬가지다. 인간은 수동적이고 감각적인 수용자일 뿐만 아니라, 세계가 자기의 바람들과 명료하게 그리고 편리하게 일치시키는 방식으로 (민족, 지역 또는 시대에 따라 다양하게) 세계를 해석하기를 원하는, 즉 욕구하고 능동적인 주체다. 이러한 의지의 특징은 우리가 세계관이라 부르는 것, (즉, 아주 넓은 의미에서) 예컨대 종교, 철학, 과학 심지어 국정·외교의 기술과 법에 내포되어 있다." C. S. Wood, *The Vienna School reader: politics and art historical method in the 1930s*(New York, 2000), 94~95쪽 참조.

39   (옮긴이주) 푸가fuga는 "서양 음악의 악곡 형식의 하나"다. "하나의 성부聲部가 주제를 나타내면 다른 성부가 그것을 모방하면서 대위법에 따라 좇아가는 악곡 형식. 바흐의 작품에 이르러 절정에 달했다." (국립국어원 표준국어대사전 참조)

40   (저자주) Pinder, 98쪽 참조.

41   (저자주) Pinder, 159쪽 이하 참조.
      (옮긴이주) 이해를 돕기 위해 독립된 인용문 형태로 바꾸었다.

42   (저자주) Pinder, 앞의 책, 154쪽. 이탤릭체는 핀더가 강조한 것이다.

43   (저자주) Pinder, 앞의 책, 30쪽.

44   (저자주) 같은 책, 60쪽.

45 (저자주) 문화적 상황과 사회적-정치적 관계들.

46 (저자주) Dilthey, 38쪽.

(옮긴이주) 이 문장을 우리말대로 이해한다면 다음과 같이 번역할
수 있다. "당분간 대체로 각 세대가 가지고 있는 능력의 정도와 몫
은 국가적인 유용성 측면에서 본다면 큰 차이가 없을 것이다. 이것
은 국가가 어느 특정 세대를 특별하게 좋아한다거나 특별히 미워하
지 않기 때문이다. 이것을 토대로 판단해본다면, 한 세대가 어느 정
도의 업적을 두루 그리고 강력하게 남길지는 그 세대가 살고 있는
문화적 상황과 사회적·정치적 관계들에 달려 있다고 아주 자연스
럽게 가정할 수 있다."

47 (저자주) 참고문헌 16번 참조.

48 (저자주) 로렌츠는 1세기의 단위로서 3세대 단위의 객관적인 토대
를 사용한다. 셰러Scherer는 자신의 문학사에서 600년 리듬을 강조
한다. 18쪽 이하를 볼 것. 우리는 이 탐구의 다음 부분에서 근대 문
헌 역사가 바이즈L. von Weise뿐만 아니라 쿠머Kummers와 페터슨
Petersen의 저작을 참조할 것이다.

49 (옮긴이주) 다른 나라의 여러 연구자들이 행한 연구 업적을 참조하
지 않고 처음부터 새로 시작한다는 뜻이다.

50 (옮긴이주) 일반적으로 게오르크 지멜Georg Simmel의 사회학 이론
을 말한다. 지멜은 '사회와 개인의 관계'를 사회학의 고유 영역으로
보았다. 이는 종합과학으로서 사회학을 주장하던 콩트에게서 벗어
나 사회학의 영역을 특화하는 역할을 했다. 그는 사회학의 대상을
인간 상호작용의 특수한 형식들과 형식들의 집단적 특성들을 묘사
하고 분석하는 데 있다고 보았다. 또한 사회적 상호작용의 다양한
'내용'의 기저에 있는 사회적 '형식'에 관심을 두었다. 지멜은 내용
과 구별되는 비교적 안정되고 유형화된 사회생활의 요소를 형식이

라고 이해했다.

51 (옮긴이주) 만하임은 Generationszusammenhang을 두 가지 다른 의미로 사용하고 있다. 첫째, 일반적인 '세대관계'를 뜻한다. 둘째, 세대지위·세대단위 등과 같은 용어를 쓰면서 자신의 세대 이론을 주장할 때는 '실제 세대'의 의미로 사용하고 있다. 또한 만하임은 Generationseinheit를 두 가지 다른 의미로 사용하고 있다. 첫째, 여기서 쓰인 말로 주로 한 세대가 보여주는 통일성, 즉 세대의 통일성을 뜻한다. 둘째, 세대 지위, 실제 세대 등과 같은 용어를 쓰면서 자신의 세대 이론을 주장할 때는 '세대단위'의 의미로 사용하고 있다. 이와 같은 점을 고려해서 '세대관계'와 '세대의 통일성'으로 번역한 곳을 '실제 세대'와 '세대단위'로 이해해도 좋다. 아직 만하임이 자신의 이론을 주장하기 전이어서 자신의 용어를 아직 설명하지 않았으므로, 일반적인 '세대관계'와 '세대의 통일성'으로 옮기는 편이 옳을 것 같다. 그러나 세대관계와 세대의 통일성으로 이해가 되지 않을 때는 실제 세대, 세대단위라는 용어를 넣어 이해하는 것이 좋을 것 같다. 이 글의 5. 참조.

52 (저자주) 이러한 맥락에서 슈르츠K. Schurtz(27)에 의해 묘사된, 한편으로는 이른바 '원시인들'과 다른 한편으로는 근대 청년운동에서 동년배 집단Altersklassen과 남성비밀결사Männerbünden 사이의 구조적인 차이가 엄밀하게 강조되어야만 한다.

53 (옮긴이주) 영역판 번역자는 세대를 한편으로는 단순 집단으로서의 세대와 다른 한편으로는 구체적인 사회 집단으로서의 세대로 대별하여 옮기고 있다. 영역자의 번역을 받아들이면 훨씬 더 명료하게 이해된다.

54 (옮긴이주) 사람들은 어느 계급 지위에서 태어날지를 자기가 스스로 결정하지 못한다는 측면에서 이런 표현을 쓴 것이다.

55 (저자주) 계급의식이 어떤 발전 단계에서 그리고 계급 위치의 어떤 조건 아래에서 발전하는지 밝히는 것이 역사-사회학적 탐구의 주제다. 새로운 세대가 자기 세대에게 적합한 위치를 언제 의식하고 그리고 바로 이러한 지혜를 자기 세대단위의 토대로 언제 전환시킬지를 탐구하는 것이 역사-사회학 문제가 될 수 있을 것이다. 세대의 개별 구성원들이 언제 그들 자신의 공통적인 상황을 의식하고 이러한 의식을 그들 자신의 집단적 연대의 토대로 만드는지 밝히는 것이 중요한 문제다. 세대단위가 왜 가장 어린 시절의 의식 속에서 촉진되는가? 이것이 여기서 가장 먼저 해결해야 할 문제다.

56 (옮긴이주) 지위와 위치라는 말을 어느 정도 구분할 필요가 있다. Lage를 계급과 관련해서는 지위position라는 용어를 주로 사용하고, Lage 또는 Lagerung을 세대와 관련해서는 위치location라는 말로 번역했다. 영역자는 만하임의 글을 번역하면서 이 부분에 많이 신경 썼다. 영역자는 일반적으로 계급이 자기 의지와 무관하긴 하지만 사회적인 의미가 있으므로 지위라는 말을 쓰는 반면, 세대가 생물학적인 의미에서 단지 자연적 서열의 순서상에 있다는 의미에서 위치라는 말을 쓴 듯하다. 이 책을 번역할 때도 이 점을 받아들였다.

57 (옮긴이주) 다음과 같이 이해하면 좋을 듯하다. 하나의 각각의 위치에 속하면 달리 경험하고, 사유하고, 느끼고, 행동할 수 있는 수많은 방법과 양식을 받아들이지 못하게 되며, 개인이 선택할 수 있는 자기표현의 범주도 개인이 속한 '위치'의 규정들을 따를 수밖에 없게 된다.

58 (옮긴이주) 사회 현상은 너무 복잡하고 다양해서 과학화하기가 무척 힘들다. 이런 복잡성과 다양성을 넘어서서 하나의 과학으로 확립하는 좋은 방법 가운데 하나는 원형을 확립하고 이를 분석하는 것이다. 마치 수요와 공급에 따라 영향을 받는 순수한 시장이 존재

한다고 가정하는 것과 마찬가지다. 여기서 말하는 원형이란 세상의 모든 것에서 고립되어 일체의 영향을 받지 않는 그런 순수한 사회를 기획하는 것이다.

만하임은 자신의 세대 이론을 설명하기 위해 이런 원형으로서의 사회, 다시 말하면 세대와 세대의 끊임없는 변화가 일어나지 않으며, 한 세대가 죽지 않고 영원히 살며, 따라서 어떤 세대변화도 없는 그런 순수 원형으로서의 사회를 생각하고 있다. 만하임은 절대 변화가 없는 그런 순수한 세대 사회를 복잡하고 변화무쌍한 현실 세대 사회와 비교하면서 자신의 세대 이론을 설명하고 있다.

59 (저자주) 정신과학과 사회과학에서는 어떤 실험도 할 수 없기 때문에, 그러한 '정신적 실험Gedankenexperiment'은 종종 가장 중요한 요소들을 구분하는 데 도움이 될 수 있다.

60 (저자주) '소년이 되어가는 것Jungsein'과 '나이 들어가는 것Altern' 그리고 이러한 것들의 정신적 중요성과 영적 중요성에 대해서는 슈프랑거Spranger 참조(이러한 맥락에서 또한 청년기의 정신생활에 관한 다른 문헌——이에 대해서는 호니히스하임Honigsheim을 또한 보라). 나아가 브링크만A. E. Brinckmann(예술사적인 방법으로 해석을 했다), 야코프 그림Jacob Grimm, 볼F. Boll(역사 어문학적 방법으로 작업을 했다)을 보라. 청년운동(청년운동 그 자체가 하나의 문제를 나타내기 때문이다)과 연관된 문헌은 이 책 말미에 있는 참고문헌에 싣지 않았다.

61 (옮긴이주) 만하임은 전前 세대의 지식을 후세대가 의식적으로 획득하는 방법과 무의식적으로 얻는 방법을 기술하고 있다. 만하임은 후세대가 자신의 지식과 사상을 형성하는 데는 무의식적인 방법이 아주 큰 영향을 끼친다는 점을 강조한다. 이 점에서 만하임은 무의식에 관한 이론을 확립하면서 무의식과 관련한 당대의 프로이트 이

론을 받아들였다고 볼 수 있다. 아래 부분은 무의식의 관점에서 세대를 읽는 데 도움이 된다.

62 (저자주) 이 글은 사회적 기억sozialer Erinnerung의 모든 다양한 형식을 해명하는 자리가 아니다. 따라서 의도적인 제한과 단순화의 도움으로 사회적 기억에 관한 두 가지 극단적인 가능성이 제시될 것이다. 넓은 의미에서 '의식적으로 인지된 모델bewußten Vorbildern' 아래에서 우리의 도서관들에 축적된 전체 지식이 이해될 수 있다. 그러나 도서관에 존재하는 이러한 지식은 지속적으로 실제화하는 한에서만 효과가 있다. 그러나 또한 이것은 다음과 같은 두 가지 방법으로 발생할 수 있다. 즉 행위를 지적으로 통제하는 선-형상Vor-Bild, 선-지식Vor-Wissen으로서 또는 완성된 상태에서 압축적으로 존재하는 경험으로서 발생한다. 본능 영역과 프로이트가 특수하게 취급한 억압된 그리고 의식의 배후에 있는 영역에 관해서는 별개의 연구가 필요할 것이다.

63 (저자주) 유증된 자료들에 파묻힌 가능성의 발견에 관한 이와 같은 방법 덕분에 우리는 혁명적이며 개혁적인 운동들이 종종 옛 진리에 고유한 새로운 진리를 접목하는 이유를 해명할 수 있다.

64 (옮긴이주) 이 말은 무의식이 의식의 영역보다 훨씬 크다는 프로이트의 말, 다시 말하면 의식은 무의식이라는 거대한 빙산의 일각이라는 말을 떠올리게 한다.

65 (저자주) 가정한 것처럼, 사람들이 여기서 아주 중요한 생물학적 요소들인 육체적·심리적 나이를 의도적으로 간과한다면.

66 (저자주) 이와 같은 의미에서 암시된 '새롭게 시작하는 능력'이 이러한 용어들의 일상적인 의미에서 '보수적인' 그리고 '진보적인' 것과 아무 연관이 없다는 점이 강조되어야만 한다. 대부분의 세대 연구자들이 무비판적으로 공유하고 있는 일반적인 가정, 즉 청

년세대는 진보적이며 구세대는 그 자체로eo ipso 보수적이라는 가정만큼이나 허구적인 것은 없다. 최근의 경험을 돌아보면, 옛 자유주의 세대가 청년들 중의 어떤 파들보다(예를 들면 대학생 학우회 Burschenschaft) 정치적으로 훨씬 더 진보적이라는 사실이 드러났다. '보수적' 그리고 '진보적'이라는 것은 역사사회학적 범주들로, 특정한 구체적인 내용의 역사적 역동성을 나타낸다. 반면 '구'와 '청년' 그리고 '세대에 적합한 새로운 종류의 접근'은 형식사회학에 속하는 범주들이다.

청년들이 보수적일지, 반동적일지, 진보적일지는 현존 사회구조와 그 구조 안에서 청년들이 차지하고 있는 지위가 청년 자신들의 사회적 목적들과 지적 목적들의 촉진에 기여할지 안 할지에 달려 있다(전적인 것이 아니라면, 최소한 주로). 청년들이 '젊다는 것', 세계에 대한 청년들의 접촉이 '새로운 종류라는 것'은 청년들이 스스로 받아들인 어떤 운동을 새로운 방향으로 끌고 가는 것이 가능하다는 것, 총체적 상황에 따라 그 운동을 받아들일 수 있다는 것을 뜻한다. 따라서 예를 들면 청년들은 보수주의 내에서 현재 상황의 요구에 가장 적합한 특수한 형태의 정치적·지적 경향을 당연히 추구한다. 또는 사회주의 안에서 현재와 같은 공식화를 추구한다.

이와 같은 사실은 이 에세이의 기본 테제에 상당한 뒷받침이 된다. 이 내용은 뒤에 가서 충분히 상세하게 설명할 것이다. 예컨대 청년과 나이 같은 생물학적인 요소들은 명백한 지적 또는 실천적 정향과 아무 관련이 없다(즉 청년은 자동적으로 진보적인 태도와 상호연관될 수 없다). 또한 청년들은 당시 유행하는 사회적 맥락과 문화적 맥락에 궁극적으로 의존하는 실제 표현, 어떤 형식적 경향을 시작할 뿐이다. 생물학적 자료와 문화적 자료의 직접적인 동일성 또는 상호관계를 확립하려는 어떤 시도이건 간에 결국 문제를 혼동시킬 수 있을 뿐인 대상물代償物, quid pro quo로 귀결될 것이다.

67 (옮긴이주) 영역자는 이 부분을 '특수한 경험의 전기적 중요성the biographical significance of a particular experience'이라고 번역했다.

68 (옮긴이주) 자연을 바라보는 자연관을 뜻하는 것이 아니라 어린 시절 자연스럽게 형성된 세계관을 뜻한다. 뒤에서는 그 의미를 살려 '자연스러운 세계관'으로 바꾸어 뜻을 전달하고자 했다.

69 (저자주) 이러한 과정이 한 개인에게서 어느 시점에 완성되는 지──이러한 무의식적인 생생한 자산(국가적인 엔텔레키들과 지방 특유의 엔텔레키들이 발전할 수 있는 국가적 특수성과 지방 특유의 속성을 포함하는)이 언제 안정되는지──를 정확하게 결정하기는 쉽지 않다. 이와 같이 문제가 된 생생한 자산이 더는 실제로 바뀌지 않는다면, 그 과정은 멈춘 것처럼 보인다.

새로운 환경Milieu에 놓인 어린이 또는 청년은 이와 같은 종류의 새로운 영향들에 대해 개방되는 처지에 놓인다. 그들은 새로운 무의식적인 정신적 태도들과 습관들에 쉽게 동화하며, 자기들의 언어 또는 사투리를 바꾼다. 새로운 상황으로 옮긴 성인은 자기 생각과 행위 방식의 어떤 측면들을 바꾸기는 하지만, 근본적이고 철저한 형태로는 스스로 결코 동화하지 않는다. 성인의 근본적인 태도, 성인의 생생한 자산 그리고 다른 외적 표현 양태들 중에서도 성인의 언어와 사투리는 대개 초기 상태로 남아 있게 마련이다. 언어와 억양은 한 개인의 의식의 토대가 얼마나 단단한지, 그의 기본적인 세계관이 얼마나 안정되어 있는지를 보여주는 간접적인 지표라는 것이 드러난다. 한 사람의 언어와 사투리가 변화하기를 그치는 시점이 결정된다고 한다면, 최소한 그 시점의 결정은 그의 무의식적인 경험의 자산이 축적되기를 그치는 외적 기준이 된다. 메이예A. Meillet에 따르면 구어와 사투리는 한 개인이 25세가 지나면 변화하지 않는다(A. Meillet, *De la Méthode dans les sciences*(Paris, Alcan, 1911); 또한 멘트레, 306쪽 이하에서 인용된 그의 "Introduction à l'étude comparative des langues indo-européennes"(1903)을 보라).

70 (저자주) 슈프랑거는 또한 145쪽에서 17세 무렵을 중대한 전환점으로 가정한다.

71 (저자주) 여기에서 실제 변화에 대해 '관념들'이 '선행한다'는 것이 자명하게 나타날 수 있다. 여기서 '관념들'은 '플라톤적인 관념'의 '원형Urbildhafte'보다는 프랑스적인 관념의 개념으로 이해된다. 이러한 '근대적 관념'은 느슨해져서 사회적인 구조로 운동하는 경향을 띤다. 사람들이 농민 공동체에서 무의식적으로 전승된 기반에 의존한다면, 이와 같은 관념은 통계적인 사회적 단위들, 예컨대 자기 제한적인 농민 공동체 내에 존재하지 않는다. 그러한 농민 공동체 내에서 새로운 세대가 관념들과의 그러한 결합에 따라 연장자에게 반항하는 일이 발생하지는 않는다. 여기서 '젊다는 것'은 생물학적인 차이의 문제다. 이 문제에 대해서는 뒤에서 더 상술할 것이다.

72 (저자주) 다음과 같은 것이 효과가 있는 현실적인 결과인 것처럼 보인다. 우선 '관계들'이 변화한다. 그다음 실제적인 완성은 이와 같은 방법으로 새로운 상황에 맞춰져 무의식적으로 변화한다. 사람들은 본능적·의식적이지 않은 적응에 따라 새로운 상황에 반응하고자 한다. (심지어 정통적이며 원리에 충실한 자마저도 의식적인 관찰에 노출되지 않은 사물(사건)에 끊임없이 잘 적응한다.) 사회-정신적 과정의 역동성이 너무나 신속하고 그 격변이 너무 크다면, 또한 무의식적인 적응이 더 이상 충분하지 않으며 행위 적응들도 갑작스러운 새로운 상황에서 '기능'하는 데 실패한다면(이러한 의미에서 실제로 현실적으로 문제가 되는 것), 의식이 그 구체적 형상 속에서 당시의 역사적인 의식 단계——신화, 철학 또는 과학——와

상응하는 의식적 자각Bewußtmachung을 발휘할 것이다.

73 (옮긴이주) 영역판에는 up-to-dateness로 되어 있다.

74 (저자주) 바이즈는 이와 같은 아버지와 아들의 적대관계를 생생하게 묘사한다. 아버지가 자식에게 '사회Gesell-schaft'를 대리하는 경향이 있다는 주장은 매우 중요하다(196쪽 이하).

75 (저자주) 현재 증거를 예시해본다면,《프랑크푸르터 차이퉁 Frankfurter Zeitung》지의 사설(1927년 12월 8일자)은 전후 세대와 그 이후 바로 뒤 중간 세대의 이처럼 현재 인지 가능한 생활 목표의 변화를 목적의식적으로 적합하게 잘 보여준다. 사람들은 또한 이 사설에서 이러한 두 세대 사이에서 발생한 타협의 증거도 발견할 수 있다.

76 (저자주) 바이즈(앞의 책, 197쪽)가 현대의 개인주의적 경향과 더불어 모든 개인이 이전보다 자신의 고유한 삶을 영위하고자 한다는 점에 주목한 것은 적절한 반대 경향으로 고찰되어야 한다.

77 (저자주) 구세대를 결정적으로 특징짓는 자연적인 생물학적 요소들이 사회적 힘들에 의해 무력해지며, 생물학적인 소여성이 사회적인 것들의 요소 속에서 그 반대로 변화될 수 있다는 것에 대한 증거.

78 (옮긴이주) 매개 세대를 지칭하는 말.

79 (옮긴이주) 여기부터는 만하임의 1929년 논문이다. '결론'이라는 제목에서 암시하듯이 이 부분부터 만하임이 세대 문제에 대한 자신의 주장을 적극적으로 펼치는 글이라고 보면 된다. 아래에 붙인 숫자 5~7은 II의 4의 연장선상이라는 의미에서 매긴 번호다.

80 (옮긴이주) 앞으로 나올 만하임의 어휘를 Generationslagerung(영어는 generation position)은 세대위치로, Generationszusammenhang(영어는 generation as actuality)은 실제 세대로, Generationseinheit(영어는 generation unit)는 세대단위로 번역했다.

81 (저자주) 이제까지 우리는 세대, 실제 세대 등을 구분하지 않았다. 지금부터 이러한 미세한 차이가 구분될 것이다.

82 (저자주) 앞에서 말한 하이데거, 164쪽 인용 참고.

83 (옮긴이주) 나폴레옹이 독일을 침략했을 때 독일인들이 저항하고 투쟁한 전쟁을 말한다.

84 (저자주) 정신적 자료들은 사회적으로 결합할 수도 있고, 분화할 수도 있다. 예를 들면 자유라는 개념은 자유주의적 '세대단위'와 보수주의적 세대단위에 따라 전혀 다른 의미로 나타난다. 따라서 실제 세대의 분화를 위한 확실한 척도로서 의미 분석은 세대단위에서 이용될 수 있다. 보수주의적인 자유 개념이 동시대의 자유주의적 개념과 대비되어 특수한 의미 속에서 분석되었던 보수주의 사상〔Archiv für Sozial w. U. Sozialpolitik. Bd, 57(1927), 90쪽 이하〕에 대해서는 카를 만하임의 상술했던 탐구와 비교할 것.

85 (옮긴이주) 게슈탈트 이론은 사물이나 사건을 부분의 조합이 아닌 하나의 전체로 이해한다. 또한 게슈탈트 이론은 각각의 낱개 조합으로 전체를 이해하는 원자론적 사고방식으로는 전체의 속성을 이해할 수 없다고 주장한다. (브리태니커 백과사전 참조)

86 (옮긴이주) 위의 문장은 다음과 같이 이해하면 편하다. 현대 심리학은 인간의 지각이 게슈탈트 지향적이라고 믿었으며, 대상을 인식할 때 총체적으로 지각한다고 보았다. 이 점에서 현대 심리학은 인간이 아주 사소한 것이라고 지각할 때 개별 요소를 하나씩 모아서 인식한다고 보는 원자론적 심리학과는 궤를 달리했다.

87 (옮긴이주) 정치적인 해석을 요구하는 사건이 일어났다고 가정해 보자. 그러면 어떤 사람은 그 사건의 개별 사안을 꼼꼼히 따져보고서 그 사건을 평가할 것이다. 그러나 대부분의 사람은 자신이 보수적인 집단에 속해 있는지 또는 진보적인 집단에 소속해 있는지에

따라 그 사건에 반응할 것이다. 이 경우 사실이 중요한 것이 아니라 자기가 소속한 집단이 어떤 생각을 하고, 그 사건을 어떻게 평가하는지가 중요하다. 따라서 대부분의 개인은 의식적이든 무의식적이든 자기가 소속한 집단의 가치와 사고에 따라 개별 사건을 해석하는 경향이 있다. 이러한 해석 방법은 자신이 소속해 있는 집단 내부에서 이미 결정되어 있는 것이다.

88 (옮긴이주) 독자들의 이해를 위해 만하임이 상술한 주 65를 참조하는 것이 좋다. 만하임은 이 주를 쓰면서 앞에서 실증주의적 세대관이 어떤 문제가 있는지를 분명히 지적했다. 만하임은 이 글에서 실증주의적인 세대론, 즉 젊은 세대 또는 청년세대는 무조건 진보적이라는 생각을 집중적으로 검토하고자 했다. 따라서 같은 세대위치, 세대지위, 실제 세대로서는 청년이라 해도, 동일 사건에 모두 진보적으로 반응하는 하는 것이 아니라 보수적으로도 반응할 수 있다는 것을 세대단위들을 토대로 설명하고자 했다. 만하임은 이와 같은 방법으로 실증주의를 두 가지 측면에서 비판한다. 첫째, 모든 청년세대가 진보적이라는 기존의 통념에 대한 전복, 둘째, 동일 청년세대 내에 진보적인 세대단위와 보수적인 세대단위가 동시에 존재할 수 있다는 생각이 바로 그것이다.

89 (저자주) 대립적인 관념이 유행하던 1840년대 독일 내에서, 귀족집단의 청년들은 이 대립적인 관념을 공유했다. 카를 마르크스, 〈독일 내 혁명과 반혁명Revolution und Kontre-Revolution in Deutschland〉(Stuttgart, 1913), 20쪽 이하·25쪽 참조.

90 (저자주) 쿠머는 자신의 문헌에서 세대 담지자에 관한 아주 전적으로 다른 유형을 강조했다. 그는 언제나 다음과 같이 구분했다. 선구자Vorläufer, 개척자Pfadfinder, 천재Genies, 이끄는 능력이 없는 독자적인 재능가selbständige Talente, 종속적 재능가abhängige, 지엽적 재능

가Ausläufer, 유행 추종적 재능가Modetalente. 6쪽 이하와 여러 곳.

91 (저자주) 예를 들면 니체는 현재 신낭만주의의 선구자로 고려될 수 있다. 프랑스에서 이와 동일한 현저한 예는 텐Taine이다. 그는 1870/71년 사건들의 영향을 받고서 애국주의로 전향했으며(프로이센의 프랑스 침략으로 파리가 함락되자 파리코뮌이 결성되고, 이에 따라 애국주의가 형성된 것을 가리킨다―옮긴이), 결과적으로 민족주의적 세대의 선구자가 되었다(Platz, 43쪽 이하 참조). 선구자들과 관련된 그러한 경우들에서 개별적인 사례를 분석하고서, 선구자의 개별적인 기본 구조가 어떤 점에서 새로운 세대――실제로 선구자가 멈추었던 그 자리에서 시작하는――의 경험 구조와 다른지 확증하는 것이 타당할 것이다. 이러한 맥락에서 독일 보수주의의 역사는 흥미로운 예, 즉 법률가 후고Hugo와 같은 예를 보여준다. 우리는 그를 '역사학파historischen Schule'의 확립자로 이해한다. 그럼에도 그는 해방전쟁을 겪었던 다음 세대 역사학파의 구성원들(예를 들면 사비니Savigny)처럼 비합리적인 방향 전환을 결코 하지 않았다.

92 (저자주) 사회적인 역동성의 속도는 그 자신의 경우 세대변화의 영향을 결코 받지 않는다. 왜냐하면 세대변화는 항상 변지지 않기 때문이다.

93 (저자주) 핀더는 주로 예술사에 관심을 기울였으며, 그의 엔텔레키 개념은 예술적 구성물에서 도출된다. 적절하게 기술하려면, 사람들은 새로운 세대자극, 의지 맹아, 형성 경향, 형성 의도, 엔텔레키 등을 단계적으로 구분해야만 한다. 현재의 고찰 단계에서 우리는 이러한 구분을 무시하고서, 우리는 다음과 같은 단순한 이유로 핀더가 총합했던 엔텔레키의 용어를 이용한다.

94 (옮긴이주) 대학생 학우회 운동은 독일 대학생들이 나폴레옹의 지

배에서 독립한 1813년 무렵에 조직한 단체로, 1814년 빈 회의 이후 반동정치 체제와 대립하여 '자유, 명예, 조국'을 내걸고 독일의 자유 통일운동에 기여했다. 초기에는 급진적인 경향을 보이다가 1840년 이후 현실주의 노선을 택했으며, 1935년 나치스에 의해 완전히 소멸했다. (위키피디아 참조)

95 (저자주) 헤르프스트Herbst의 여러 문장을 보면 대학생 학우회가 이미 의식적인 청년운동으로 얼마나 자각하고 있었는지가 설명될 수 있다. 대학생 학우회는 그리스어의 ἑταιρίας('협회'라는 의미로, Εταιρεíαι를 말하는 듯하다—옮긴이)의 잔상으로 여겨진다. 헤르프스트는 다음과 같이 말했다. "그들(말하자면 그리스적인 것)은 우리의 대학생 학우회와 유사한 의미 속에서 그리스어의 협회를 구성한다." 운동의 성격에 관해서는 다음과 같은 문장을 참고하라. "우리의 경우 사람들은 청년을 기로에 서 있게 만들고서 모든 것을 할 수 있다고 믿는다. 단, 사람들이 청년에게 기회를 준다면 그리고 그가 몇 가지 전문 지식을 갖추고서 그가 삶을 통해 사소한 노력을 한다면 말이다. 우리는 삶이 우리에게 더 높은 요구를 한다고 믿고 있다. 그리고 이러한 요구가 충족되지 않는다면, 우리는 우리의 생활조건을 질서 지을 수 있는 권리가 있으며, 그래서 그 질서 속에서 우리의 확신에 따라 우리 자신을 형성하고 이성과 시대정신이 우리에게 어떤 것을 부여하도록 힘을 강화시킨다"(97쪽).

96 (저자주) 앞서 인용한, 주 75의 《프랑크푸르터 차이퉁》 사설 참조.

97 (저자주) 엔텔레키 형성의 가능성은 확실히 특정 시점에서 한 연령층의 사회적 세력화의 가능성과 연결되어 있다. 《보지셰 차이퉁 Vossische Zeitung》 서한(20. V. 1928, Nr. 21, 표제: 보지셰 차이퉁 서한)은 '중간 세대'와 오늘날 30~50세의 불만족 상태를 보도하고 있다. 당시 이 연령층의 상태에 관해서는 막스 베버Max Weber가 《경제와

사회 *Wirtschaft und Gesellschaft*》(1925), 609쪽에서 상당히 훌륭한 사회
학적 고찰을 보여주었다.

98 (저자주) Kummer, 2쪽 이하. 쿠머는 저널리스트로, 자유롭게 연구
하면서 자신의 저작을 집필했다. 그는 문학 범주인 '에피고넨Epigo-
ne'과 '데카당스Dekadenz'를 비판하면서 세대 문제에 도달했다. 그
는 '자연스러운' 분리에 따라 이를 보충하려고 했으며, 세대현상에
서 이에 대한 근거를 발견했다. 그에게 이런 자극을 준 사람은 에리
히 슈미트Erich Schmidt다. 그는 뤼멜린(1875), 로렌츠(1886)의 저작에
생생히 살아 있는 자극들을 문학사文學史의 하임Haym·스턴Stern·바
텔스Bartels와 함께 수용했다. 그 문제는 그가 노발리스Novalis와 함께
몰두했던 1865년 무렵 딜타이의 저작에서 처음 나타났다. 하임은
자신의 《낭만주의 학파》를 출판했던 1870년 무렵 딜타이적인 세대
개념을 수용했다(Kummer, 1쪽 이하; Petersen, 133쪽 참고). 쿠머의 서
술은 확실하며, 미학적인 관점에서 검토하면 종종 무미건조하고 불
충분하지만, 그의 시야는 좋은 방향으로 확장되었다. 그는 일반적
으로 관례적인 것보다는 작품의 배후에 있는 힘의 사회적 변화에
한층 더 주의를 기울였다. 따라서 이러한 모든 것이 또한 한층 도식
적인 출발로 평가된다면, 억압관계에 관한 끊임없는 고찰은 이러한
측면에서 환영받을 만하다.

99 (옮긴이주) $1 + x + x^2 + x^3 + \cdots$과 같이 무한개의 항이 있는 다항식
으로 이루어진 무한급수를 말한다.

100 (옮긴이주) 만하임은 7에 소제목을 달지 않았다. 영역자는 이 부분
에 '역사 속의 또 다른 형성 요소들과의 관계에서 세대The Generaton
in Relation to Other Formative Factors in History'라는 소제목을 달았다.
참고하면 도움이 될 것이다.

101 (옮긴이주) 시대정신.

102 (옮긴이주) 다소 복잡하게 보이는 이 내용은 다음과 같이 이해하면 편할 듯하다. 핀더가 시대정신이 구조적으로 통일되어 있다는 것을 부정한 이유는 실제 현실에서 통일된 세대 엔텔레키가 없다고 보았기 때문이다. 핀더는 시대정신이 단일하다고 생각하지 않았다. 한 시대에 상응하는 어떤 단일한 엔텔레키도 존재하지 않기 때문이다. 어떤 하나의 엔텔레키가 한 시대를 명확하게 규정할 수 있는 경우는 거의 없다고 봐야 한다. 그렇기 때문에 시대정신은 상대적이라고 할 수 있으며, 그것은 다양한 형태의 적대적이고 대항적인 엔텔레키들을 바탕으로 형성된다고 보아야 한다.

103 (저자주) 우리는 정치적-이념사적 영역에서 우리의 예를 신중하게 도출한다. 이는 우선 대부분의 세대 이론들이 (특히 독일에서) 문학사 또는 예술사 지향적인 일면성에 균형성을 주기 위해서이며 그리고 두 번째로 우리가 사회적으로 결정적인 자극들의 구조적 상황과 세대 분화가 이 점에서 가장 명료하게 추론 가능하다는 관점을 견지하기 때문이다. 다른 '엔텔레키들'과 스타일의 변화들은 당연히 우리의 관점에 따라 고유하게 독립적으로 연구되어야만 한다. 또한 예술사적인 엔텔레키와 문학사적인 엔텔레키는 정치적인 것에서 도출될 수 없다. 그러나 그들의 상호관계, 그들의 유사성은 이러한 관점에서 가장 명료하게 이해될 수 있다. 확실히 예술가는 우선 자신의 예술 세계와 그 전통 속에서 살고 있기는 하지만, 하나의 인간으로서 그는 심지어 정치적으로 무관심할 때조차도 자기 세대의 추동력들과 늘 연계되어 있다. 이것을 토대로 그는 항상 순수하게 예술적인 것에 위치한 의지들과 엔텔레키들을 변화시키곤 한다. 전체 구조의 통찰을 위한 정향점Orientierungszentrum으로서 정치적 관념들의 역사는 우리에게 무엇보다 중요하다. 이 문제는 아래에서 자세히 다룰 것이다.

104 (저자주) 우리 관점에서 본다면, '시대정신'은 따라서 서로 대결하는 실제 세대들의 지속적-역동적 사슬이다.

105 (저자주) 덧붙여, 낭만주의와 보수주의가 처음부터 함께 나타났던 것은 아니다. 낭만주의는 본래 프랑스에서처럼 독일에서도 처음부터 혁명적인 운동이었다.

106 (저자주)Petersen(22), 146쪽 이하.

107 (옮긴이주) 영역판에서는 이것을 글 쓰는 문필가hommes de lettres(강조는 영역판 번역자)라고 프랑스어로 표현했다.

108 (옮긴이주) 만하임이 이 글에서 '개인과 문필가' '개인이 속한 생활반경'과 '동시대의 주도적인 특징'으로 분리하여 설명하고 있다는 점에 유의해야 한다. '개인'은 자신이 낭만주의적 성향을 띠고 있든 자유주의적 성향을 띠고 있든 관계없이 자기가 속한 생활 반경 속의 조류와 싸워야 한다. 즉 '개인'이 낭만주의 성향을 띠고 있다 해도 자유주의 시대라고 한다면 자유주의와 싸울 수밖에 없으며, 그 반대의 경우도 마찬가지다. 또한 '문필가' 역시 자기가 낭만주의적 성향을 띠고 있든 자유주의적 성향을 띠고 있든 상관없이 동시대의 조류들과 싸워야만 한다. 즉 '문필가'가 자유주의 성향을 띠고 있다 해도 동시대가 낭만주의 시대라고 한다면 낭만주의와 싸울 수밖에 없으며, 그 반대의 경우도 마찬가지다. 여기서 '싸운다'는 것은 대척점에 서서 '다툰다'기보다는 이것을 받아들일지 말지를 결정하기 위해 '고뇌한다'는 의미로 받아들이는 것이 좋을 듯하다.

109 (옮긴이주) 프리드리히 빌헬름 3세Fredrich Wilhelm III(1770~1840)는 프로이센의 왕(재위 1797~1840)으로, 1806년 나폴레옹 전쟁에서 참패하고 신성로마제국의 해체를 맞는다. 1813~1815년 해방전쟁 기간에는 러시아 황제 알렉산드르 1세를 지지했다. 그는 프로이센의 정치개혁을 지지하면서도 한편으로는 개혁이 혁명적으로

되어가지 않을까 걱정했다.

110 (옮긴이주) 프리드리히 빌헬름 4세Fredrich Wilhelm IV(1795~1861)
는 프로이센의 왕(재위 1840~1861)으로, 보수주의 정책을 펼치다
가 1848년 혁명을 맞는다. 혁명이 실패한 직후 그는 프랑스혁명과
19세기 정치사상에 대립되는 반동적인 정책을 일관되게 추진했다.

111 (저자주) 사람들은 이것을 항상 사회적으로 그리고 정치적으로 양
극화되어 있는 현대 '청소년 운동Jugendbewegung'에서 또한 고찰할
수 있다. 이 운동은 '실제 세대'라는 현상을 위한 일관된 현상으로
존재한다. 그러나 이 운동은 단지 사회적으로 그리고 정신적으로
구분되는 '세대단위들' 형태로 구체적으로 파악될 뿐이다.

112 (저자주) A. Weber, "Prinzipielles zur Kultursoziologie"(Arciv für Soz.
Wiss. u. Soz. Politik, 1920) 참고.

113 (저자주) Pinder(23), 156쪽.

114 (저자주) 길드 내 청년층과 노년층 간 투쟁의 특수한 형태에 관해
서는 슈몰러Schmoller가 그의 저작《계간 일반 국민경제 개요Grundriß
der allgemeinen Volkswirtschafilehre》(München und Leipzig, 1923) 2권, 591
쪽에서 언급했다.

115 카를 만하임Karl Mannheim(1893~1947)은 헝가리 출신 사회학자로
고전사회학과 지식사회학의 선구자다. 부다페스트에서 태어난 그
는 부다페스트, 베를린, 파리, 하이델베르크 대학에서 공부했으며,
부다페스트 대학에서는 지멜Georg simmel의 지도를 받았다. 그는 친
구이자 멘토인 루카치György Lukács의 후원 덕분에 학생들을 가르
치기도 했다. 반혁명 정부가 수립되자 만하임은 독일로 망명했다.
1921년 그는 심리학자 줄리아 랑Julia Lang과 결혼했다. 그는 막스
베버의 형제인 사회학자 알프레트 베버Alfred Weber의 지도를 받으
며 하이델베르크에서 공부했고, 1930년에는 프랑크푸르트 대학의

사회학 교수가 되었다.

1933년 나치를 피해 영국에 정착한 만하임은 런던 정치경제대학에서 강의를 했다. 이후 그는 1945년부터 1947년 세상을 떠날 때까지 런던 대학 교육 연구소에서 연구 활동을 했다.

이상을 바탕으로 만하임의 학문적 생애는 크게 세 단계, 즉 헝가리기(~1919년까지), 독일기(1919~1933), 영국기(1933~1947)로 나누어 검토해볼 수 있다. 또한 그는 루카치, 지멜, 하이데거Martin Heidegger, 후설Edmund Husserl, 마르크스Karl Marx, 베버 형제, 딜타이Wilhelm Dilthey 등에게서 영향을 받았다. 이러한 바탕 위에서 그는 독일 역사주의, 마르크스주의, 현상학, 사회학과 영미 프래그머티즘을 종합하려고 시도했다고 볼 수 있다.

헝가리기에 만하임은 영국과 프랑스의 사회학 저작에 관심을 둔 서클과 독일의 문화 위기에 관심을 둔 루카치 서클에 참여했다. 그는 헝가리에서 박사학위 논문으로 〈인식에 관한 구조적 분석Structural Analysis of Epistemology〉이라는 글을 남겼다. 그는 사회를 실증주의적으로 이해하는 것도, 기계론적으로 이해하려는 어떤 시도도 거부했다. 만하임이 이 무렵 느꼈던 문제의식, 다시 말하면 두 조류를 종합하려는 그의 태도는 평생 연구의 화두가 된다. 이 무렵 만하임의 저작은 마르크스주의자인 루카치의 영향을 받았으며, 심지어 그는 마르크스를 지식사회학의 선구자라고 생각했다.

독일기의 만하임은 가장 생산적이었다. 만하임은 문화의 기원을 탐구하면서 철학에서 사회학으로 관심을 돌렸다.《지식사회학Essays on the Sociology of Knowledge》,《이데올로기와 유토피아Ideologie und Utopie》의 토대가 된 에세이들을 기고한 시기도 이때다. 만하임은 사회 계급, 위치, 세대 등을 지식의 가장 중요한 결정자라고 지적했다. 만하임은 지식의 구조를 사회학적으로 분석하려는 야심찬 시도를 했지만, 당시 마르크스주의자들과 네오마르크스주의자들은 이의를 제기했다. 그들은 만하임의 지식사회학 이론을 마르크주의에 대한 배신 또는 무력화라고 비판하기까지 했다.

영국기에 만하임은 민주적인 사회 계획과 교육으로 현대 사회의 구조를 포괄적으로 분석하려고 시도했다. 그는 《재건기의 인간과 사회Man and Society in an Age of Reconstruction》에서 자유방임주의적 자본주의와 자유주의적 질서에서 계획적 민주주의 단계로 이행하고 있다고 주장했다. 이 책은 미국과 유럽 몇몇 국가들 내의 전후 정치논쟁에서 중요한 역할을 했다.

주요 저작으로는 《사유의 구조Structures of Thinking》(1922~1924), 《이데올로기와 유토피아》(1929), 《정치교육으로서의 사회학Sociology as Political Education》(1940), 《재건기의 인간과 사회》(1940), 《지식사회학》(1952) 등이 있다. 그는 완결된 저작을 집필하기보다는 주로 에세이와 논문 형태로 자신의 사상을 남겼지만, 지식사회학을 정초했다는 점에서 큰 의의가 있다.

116 〈세대 문제〉는 1928년과 1929년에 《계간 쾰른 사회학Kölner Vierteljahreshefte für Soziologie》에 발표되었고, 이후 1952년 미국에서 출간된 《지식사회학》에 수록되었다. 이 책에는 〈'세계관'에 관한 해석〉, 〈역사주의〉, 〈지식사회학의 문제〉, 〈문화현상으로서의 경쟁〉, 〈인간의 사회 교육을 위한 경제적 야심의 본성과 그 중요성〉 그리고 마지막에 〈세대 문제〉 등 모두 6편의 에세이가 실려 있다. 이 글들은 1923~1929년, 만하임이 주로 독일에서 활동할 때 쓴 것들이다. 그중 〈세대 문제〉는 1928~1929년에 집필한 글이다.

지식사회학은 주로 인간의 사상과 그 사상이 발생한 사회적 상황의 관계를 연구하는 학문이다. 그 기원은 마르크스와 엥겔스의 《독일 이데올로기》로 거슬러 올라간다. 그들에 따르면 인간의 사회·정치적 신념과 의견을 포함한 이데올로기는 계급적 이해, 특히 그들이 살고 있는 사회경제적 조건에 기원을 두고 있다. 만하임은 이런 영향과 현상학 등을 수용하고 한 단계 더 나아간 주장을 펼친다. 그는 사상과 의견은 존재에 의해 구속될 수밖에 없다고 주장한다. 지식사회학의 시각에서 볼 때 만하임의 〈세대 문제〉는 한 세대가 어떤 의식을 지니고 있다고 한다면, 반드시 그 사회적 상황의 영향을 받고 있음을 보여준다.

만하임의 〈세대 문제〉는 이런 지식사회학적 의의 말고도 세대론 자체와 관련해 큰 중요성이 있다. 가장 중요한 것은 세대에 관한 본격적인 연구라는 점이다. 그의 〈세대 문제〉는 세대에 관한 견해가 거의 다루어진 적이 없는 상태에서 세대를 본격적으로 다룬 글이라는 점에서 의의가 있다. 세대 문제는 "젊은 놈이 버릇이 없다"는 말처럼 인류가 사회를 형성하고 살아가면서 늘 접하는 문제다. 인간이 삶을 유지하고 살아가면 공기와 토양과 물을 오염시키는 문제가 발생하듯이, 세대 문제는 인간이 부자관계를 형성하고 더 큰 사회를 이루게 되면 반드시 발생하는 문제다. 그럼에도 세대 문제를 본격적으로 다룬 저작은 극히 드물었다.

두 번째 의의는 만하임의 〈세대 문제〉가 세대에 관한 다양한 영역을 다룬다는 점이다. 그의 이 글은 세대와 관련된 기존의 다양한 이론뿐만 아니라, 시간의 측면에서 세대와 관련된 다양한 역사적 사건과 동시대의 세대 문제를 다루고 있다. 나아가 세대의 문제를 운동론적인 관점에서 다룬다는 점에서 큰 의의가 있다.

마지막 의의는 만하임의 〈세대 문제〉가 세대 논의의 출발점이자 경유점이라는 점이다. 세대를 논의하기 위해서는 만하임의 이 글을 거치지 않고는 불가능하다고 할 정도다. 대부분의 세대 연구자들은 반드시 만하임의 이 글을 필독할 뿐만 아니라 인용하곤 한다는 점에서 매우 중요한 의의가 있다. 학문적으로 다룬 적이 없는 세대를 다루었다는 점에서, 세대에 관한 연구를 집대성했다는 점에서, 또한 세대 연구의 전범이 된다는 점에서 만하임의 〈세대 문제〉는 비교적 최근 저작이기는 하지만 고전으로서 충분한 가치가 있다.

117 주 65 참조.

118 주 65 참조.

119 본문 71~72쪽 참조.

120 본문 57쪽 참조.

121 심리학에 상당 부분 의존했을 것이라고 판단한다. 만하임의 부인이 심리학자이며, 그가 결혼할 때는 1921년이고 이 글이 출판된 해는 1928~1929년이다. 따라서 만하임은 '고태적古態的' 형태로서 집단무의식에 관한 프로이트의 심리학 이론에 어떤 형태로든 이론적으로 빚을 지고 있다고 봐야 한다. 특히 세대라는 문제는 개인의 문제가 아닌 집단의 문제이고, 세대가 세대인 이유는 집단의 형태로 표출되기 때문이다. 따라서 그의 세대 이론과 집단무의식의 관계는 꾸준히 논의해야 할 문제다. 특히 주 62에서 "본능 영역과 프로이트가 특수하게 취급한 억압된 그리고 의식의 배후에 있는 영역에 관해서는 별개의 연구가 필요할 것이다"라고 언급한 점을 고려한다면, 세대 문제에 관한 연구는 집단무의식에 관한 연구에서 출발해야 한다.

122 본문 17쪽 참조.

123 본문 17쪽 참조.

124 주 96 참조.

125 본문 21~22쪽 참조.

126 본문 20쪽 참조.

127 본문 22쪽 참조.

128 본문 22쪽 참조.

129 본문 18쪽 참조.

130 본문 20쪽 참조.

131 본문 24쪽 참조.

132 주 65 참조.

133 주 65 참조.

134 본문 28~29쪽 참조.

135 본문 29~30쪽 참조.

136 본문 30쪽 참조.

137 본문 31쪽 참조.

138 실증주의적 세대론을 통시적으로 표현하고, 낭만주의적 세대론을
     공시적으로 표현한 것은 소쉬르의 《일반언어학 강의》에서 나온 개
     념을 차용한 것이다. 또한 세대론을 그림으로 표현한 것도 소쉬르의
     《일반언어학 강의》 중 〈공시언어학〉에 나온 그림을 차용한 것이다.

139 구조적 이해는 구조주의의 사유 방법을 따른 것임을 밝혀둔다. 구
     조주의와 이에 바탕을 둔 포스트모던 사상가들의 사유는 소쉬르의
     공시적 언어 이해에 크게 빚지고 있다.

140 본문 18쪽 참조.

141 본문 51쪽 참조.

142 본문 50쪽 참조.

143 본문 69쪽 참조.

144 본문 69쪽 참조.

145 본문 72쪽 참조.

146 본문 77쪽 참조.

147 본문 77쪽 참조. 전상진은 〈세대 사회학의 가능성과 한계—세대개
     념의 분석적 구분〉, 《한국인구학》 제2권 제2호(2002)에서 세대단위

를 전위당 그 자체와 동일시할 뿐만 아니라, 구체 집단을 언급하고 있지 않다.

148 마르크스와 엥겔스도, 레닌도, 마오쩌둥도, 체게바라도 노동자계급이 아닌 다른 계급에서 나왔다는 사실을 말한다.

149 본문 79쪽 참조.

150 본문 76쪽 참조.

151 본문 92쪽 참조.

152 본문 92~93쪽 참조.

153 본문 83~84쪽 참조.

154 본문 82쪽 참조.

155 Alan B. Spitzer, "The Historical Problem of Generations", *American Historical Review* 78(1973), 1353~1554쪽.

156 박재흥, 〈세대명칭과 세대갈등 담론에 대한 비판적 검토〉, 《경제와 사회》 2009년 봄호(통권 제81호), 14쪽.

박재흥, 《한국의 세대문제》(나남, 2005)

세대 문제를 다룬 다양한 글이 실려 있다. 세대 문제를 공부하고 싶다면 가장 먼저 읽어도 좋다. 다양한 세대 개념, 논의 지형, 연구 쟁점 등을 이론적으로 소개하고 있다. 또한 세대 문제가 한국 현실에 어떻게 나타나고 있는지를 세대 차이와 갈등, 하위문화, 세대 경험, 각 세대의 특징 등을 다룬 논문 형태로 소개하고 있다. 세대와 관련된 이론과 현실의 문제를 오랫동안 연구한 점이 돋보인다.

우석훈 · 박권일, 《88만원 세대》(레디앙, 2007)

'88만원 세대'라는 신조어를 만들어내면서 세대 문제를 본격적으로 연구할 수 있는 신호탄을 마련한 책이다. 기존의 세대는 항상 386세대 · 민주화세대처럼 긍정적 · 적극적 · 선도적인 역할을 하는 것으로 이해되는가 하면, 산업화세대 · 전쟁세대처럼 부정적 · 소극적 · 퇴행적 · 수구적인 역할을 하기도 했다. 한마디로 기존의 '세대'는 진보와 보수를 가르는 기준으로 작동했다. 이 책에 나오는 세대는 이러한 진보와 보수의 틈바구니에 끼어 있는, 말 그대로 '낀 세대'의 특징을 잘 보여준다. 열심히 일해도 88만 원을 받을 수 없는 20대의 고된 현실, 산업화세대와 386세대에 억눌리고 억압받는 현실을 드러낸다.

문화과학 편집부, 〈세대의 문화정치학〉, 《문화과학》 2010년 여름호(통권 62호)

'특집 1. 세대의 문화정치학' '특집 2. 세대는 사건을 어떻게 기억하는가' 라는 주제 아래 여러 필자가 집필한 글이다. 우리가 익히 들어왔던 4·19 혁명, 10월유신, 1980년 광주 민주화운동, 월드컵, 촛불집회 등의 여러 사건과 신세대·X세대 등 세대를 표현하는 용어들에 담긴 의미를 살펴 보고 있다. 압축적 근대화라는 테제와 세대를 연결시키는 작업을 수행 한 이 글들은 한국의 발전을 압축적인 근대화로 규정하고, 다양한 시기 에 따라 다양한 세대들이 어떻게 만들어지는가를 살펴보기에 아주 좋 다. 특히 여기에 실린 〈세대의 정치학과 한국현대사의 재해석〉이라는 글 의 주요 관점은 마르크스주의에 근거하고 있어서, 경제주의적인 관점에 서 세대 문제를 이해하기 좋다.

Lewis S. Feuer, *The Conflict of Generations — the character and significance of student movements*(New York / London: Basic Books Inc., 1969)

약 1920년대 중반부터 1960년대 중반까지 독일·보스니아·러시아·유 럽·미국 등의 학생운동과 좌파 학생운동을 분석한 글이다. 다양한 사회 주의적 관점의 학생운동을 비롯해 파시즘에 저항한 운동 등을 소개하고 있다.

전상진, 〈세대사회학의 가능성과 한계—세대개념의 분석적 구분〉, 《한국인구학》 제25 권 제2호(2002); 〈세대 개념의 과잉, 세대 연구의 빈곤—세대 연구 방법에 대한 고찰〉, 《한국사회학》 제38집 5호(2004)

카를 만하임의 세대론과 마르크스·베버의 계급 개념 등을 비교해 설명 하고 있다. 또한 세대를 정치적 세대, 문화적 세대, 경제적 세대로 구분 하면서, 이러한 예를 각종 세대론, 예컨대 386세대와 복지국가세대 등과 연계해 설명하고 있다. 뒤의 논문에서는 부르디외의 계급 이론을 바탕으로 세대 이론을 재구성하려는 점이 돋보인다.

고유경, 〈세대의 역사, 그 가능성과 과제〉, 서양사학회, 《서양사론》 총권 93호(2007)
역사학의 관점에서 왜 세대를 연구해야 하는지, 연구의 논점이 무엇인
지를 밝히고 있다. 우리가 잘 알고 있는 프랑스대혁명의, 테니스코트의
맹세를 부권에 대항하는 '형제의 연대'로 해석하는 관점도 소개한다. 또
한 실러Schiller가 프랑스대혁명을 '타락한 세대의 작품'이라고 한 견해도
소개함으로써 정치사를 세대의 관점에서 해석할 수 있는 여지를 마련했
다. 더불어 '정치적 세대'라는 담론이 형성되는 과정을 제시하고, 유럽사
에서 '68세대' '89세대' '베를린 세대'와 같은 용어가 정치적 계기들과 밀
접한 연관이 있다는 점을 밝혔다.

이남석 ins9957@hanmail.net

대학에서 남들이 보기에 무척 고리타분하고 딱딱해 보이는 정치사상을 무척 재미있게 공부했다. 청년세대 문제에 많은 관심이 있으며,《알바에게 주는 지침》을 썼다. 그는 하늘을 찌를 듯 솟아오르는 주거비를 감당할 길이 없어 학교에서 텐트를 치고 자는 학생들, 대여섯 명이 돈을 모아 방을 공동으로 사용하는 학생들을 보았다. 또한 오르고 또 오르는 등록금을 찔끔찔끔 오르는 알바비로 감당하기 위해 쉬지 않고 알바를 하는 학생들, 알바를 하기 위해 대학을 다니는지 대학을 다니기 위해 알바를 하는지 구분할 수 없는 학생들도 보았다.

그는 각종 언론에 떠도는 청년들이 사는 이야기에 관심이 많다. 희망을 품고 멋지게 살아가야 할 청년들이 왜 이렇게 힘들게 살아가는지 고민이 많다. 그는 대학을 졸업하고 마음만 먹으면 취직을 할 수 있던 1980년대를 경험했고, 아무리 힘들어도 노력하면 그래도 먹고살 만한 변변한 직장을 구할 수 있는 90년대도 보았다. 그런 그에게 지금처럼 아무리 노력해도 취직할 수 없는 청년세대는 너무 낯설다.

그는 정치적·절차적 민주주의를 어느 정도 이루었고, 노동자 투쟁을 통해 미약하나마 경제 민주화도 달성한 이 시대에 불만이 많다. 정치적 민주화와 경제적 민주화의 결과물이 청년에게까지 파급되지 않고 있다고 생각하기 때문이다. 정치적 민주주의는 자의적이든 타의적이든 청년들의 정치적 소외를 낳았고, 경제적 민주주의는 다수의 비정규직과 청년의 알바를 제도화했기 때문이다.

그래서 그는 현재 세대 문제를 고민하고 또 고민하고 있다. 세대 문제를 넘어 세대의 근본 원인으로 돌아가 아버지와 자식의 관계를 이론적·철학적으로 고민하고 있다.

세대 문제

초판 1쇄 발행 2013년 6월 30일
개정 1판 1쇄 발행 2020년 12월 4일
개정 1판 3쇄 발행 2024년 3월 15일

지은이 카를 만하임
옮긴이 이남석

펴낸이 김준성
펴낸곳 책세상
등록 1975년 5월 21일 제2017-000226호
주소 서울시 마포구 동교로23길 27, 3층 (03992)
전화 02-704-1251
팩스 02-719-1258
이메일 editor@chaeksesang.com
광고·제휴 문의 creator@chaeksesang.com
홈페이지 chaeksesang.com
페이스북 /chaeksesang 트위터 @chaeksesang
인스타그램 @chaeksesang 네이버포스트 bkworldpub

ISBN 979-11-5931-561-9 04080
        979-11-5931-221-2 (세트)